DIE UNTERNEHMER-HOCHSCHULE

Masterthesis

Herr
Marvin Engel

Agile-Emotional-Leadership
Erfolgskritische Faktoren für effektive Führung im
agilen Projektumfeld

Hamburg, 2017

BiTS – Business and Technology School

Masterthesis

**Agile-Emotional-Leadership
Erfolgskritische Faktoren für effektive Führung im agilen Projektumfeld**

Autor:
Herr Marvin Engel

Studiengang:
**Corporate Management – Unternehmensführung
(Master of Science)**

Seminargruppe und Matrikelnummer:
HH SS 2015 / 12-267-642

Dozent und Prüfer:
Prof. Dr. Stefan Lennardt

Einreichung:
Hamburg, 18. Februar 2017

Bibliografische Beschreibung

Engel, Marvin

Agile-Emotional-Leadership –

Erfolgskritische Faktoren für effektive Führung im agilen Projektumfeld; (2017)

Seitenanzahl der Verzeichnisse: 24

Seitenanzahl des Inhalts: 97

Seitenanzahl der Anhänge: 4

Hamburg, BiTS Hamburg, CM HH SS 2015

Kurzfassung der Masterthesis

Digitale Vernetzung, globale Wertschöpfung, Echtzeitkommunikation und Social-Media-Präsenz sind heute unabdingbar, für den Erfolg der meisten Unternehmen. Die Herausforderung für die einzelnen Mitarbeiter ist es, die dafür notwendigen Fähigkeiten und Kenntnisse zu beherrschen, sie kontinuierlich weiterzubilden und gleichzeitig ist die Anforderung an die Unternehmen, dies alles wirksam in einer Struktur zu organisieren und zu steuern.

Unternehmen setzen, inspiriert von vielen erfolgreichen Startups, vermehrt auf agile Unternehmensstrukturen, um dieser Entwicklung gerecht zu werden. Es ist eine komplexe und schwierige Aufgabe, benötigte Kompetenzen in einer kreativen und schnell agierenden Organisationsform zusammenzuführen, um als Unternehmen wettbewerbsfähig zu bleiben. Dieses Umfeld des Wandels, bietet viele Chancen und bedeutet im Hinblick auf Führungskompetenz eine große Herausforderung. Die These dieser wissenschaftlichen Ausarbeitung lautet deshalb:

Agile Projekte, die durch Emotional Leader geführt werden, sorgen für mehr Mitarbeiterzufriedenheit und können erfolgreicher durchgeführt werden.

Der in dieser Arbeit geprägte Begriff des **Agile-Emotional-Leadership** bezeichnet das Konzept zur Mitarbeiterführung in agilen Projekten unter Berücksichtigung der Prinzipien des Emotional Leaderships. Emotional Leader sind Führungskräfte mit besonderen Eigenschaften wie bspw. hoher Empathie, großer Beziehungsfähigkeit, erhöhter Selbstreflexion und ausgeprägter Emotionskontrolle. Diese Eigenschaften werden als **charakterliche Eignung** beschrieben.

Agiles Projektmanagement ist eine besondere Form der Zusammenarbeit. Unter fast völliger Abwesenheit von Hierarchie arbeiten Führungskräfte mit ihren Mitarbeitern auf Augenhöhe, vernetzt zusammen. Für eine effektive Führungsarbeit müssen Führungskräfte moderne Software beherrschen, Prozesswissen und Kommunikationskompetenz besitzen und für den Wandel bereit sein. Diese Eigenschaften werden als **fachliche Eignung** bezeichnet.

In dieser Masterthesis wird behauptet, dass in agilen Projekten die Fähigkeiten von Emotional Leadern zu erhöhter Mitarbeiterzufriedenheit und zum größerem Projekt- bzw. Unternehmenserfolg führt.

Inhalt

Inhalt 4

Abbildungsverzeichnis 5

Tabellenverzeichnis... 7

Abkürzungsverzeichnis 8

Definitionsverzeichnis... 9

1 Einleitung 10
2 Theoretische Grundlagen 16
2.1 Ursprung und Entwicklung von Emotional Leadership 18
2.1.1 Die fünf Kernkompetenzen von Emotional Leadern 21
2.2 Entwicklung des Agilen Projektmanagements 30
2.2.1 Agiles versus klassisches Projektmanagement 32
2.2.2 Die Rollen im agilen Projektmanagement am Beispiel SCRUM 34
2.2.3 Praxisbeispiele für Agiles Projektmanagement 37

3 Agile-Emotional-Leadership 43
3.1 Führen in agilen Projekten 49
3.2 Emotional Leader: Stärken in agilen Projekten... 60

4 Quantitative und qualitative Forschung 64
4.1 Durchführung der quantitativen Forschung der Thesis: Umfrage unter Mitarbeitern......... 67
4.1.1 Auswertung der Umfrage unter Mitarbeitern... 70
4.2 Durchführung der qualitativen Forschung der Thesis: Interviews mit Führungskräften..... 81
4.2.1 Auswertung der Interviews mit Führungskräften 82

5 Bewertung der These durch Vergleich mit den Forschungsergebnissen................. 88
5.1 Erkenntnisse aus der Umfrage 89
5.2 Erkenntnisse aus den Interviews 96

6 Fazit und kritische Würdigung 102

7 Quellenverzeichnis 107

8 Anhang 125
8.1 Anlage Daten-CD.. 128

9 Selbstständigkeitserklärung 129

Abbildungsverzeichnis

Abbildung 1 – Der Aufbau der Masterthesis 15

Abbildung 2 – Die Basis theoretischer Ansätze und Publikationen dieser Masterthesis 17

Abbildung 3 – Gallup Studie 2015 20

Abbildung 4 – Aktives Zuhören nach William Ury 26

Abbildung 5 – Die fünf wichtigsten Charaktereigenschaften von Emotional Leadern 28

Abbildung 6 – Das Schalenmodell der menschlichen Kompetenzen nach J. Fuchs 29

Abbildung 7 – Das Agile Manifest in einer Word-Cloud-Darstellung 30

Abbildung 8 – Klassisches Projektmanagement nach M. Schneegans 32

Abbildung 9 – Agiles Projektmanagement nach M. Schneegans 33

Abbildung 10 – Beispiel eines Kanban-Boards 40

Abbildung 11 – Beispiel von Meilenstein und SPRINT-Planungen (Auszug) 42

Abbildung 12 – Agile Leadership 3.0 44

Abbildung 13 – Vopa-Plus-Modell nach Thorsten Petry 46

Abbildung 14 – Das klassische Management (statisch) 52

Abbildung 15 – Agiles, softwaregestütztes Management (dynamisch) 52

Abbildung 16 – Übersicht: Agile-Emotional-Leadership 63

Abbildung 17 – Übersicht der Fragenblöcke der Umfrage unter Mitarbeitern 67

Abbildung 18 – Ergebnisse Umfrage: Frage 1 und 2 70

Abbildung 19 – Ergebnisse der Umfrage: Frage 3 und 4 71

Abbildung 20 – Ergebnisse der Umfrage: Frage 5 72

Abbildung 21 – Ergebnisse der Umfrage: Frage 7 72

Abbildung 22 – Ergebnisse der Umfrage: Frage 10 73

Abbildung 23 – Ergebnisse der Umfrage: Frage 11 73

Abbildung 24 – Ergebnisse der Umfrage: Frage 14 74

Abbildung 25 – Ergebnisse der Umfrage: Frage 18 74

Abbildung 26 – Ergebnisse der Umfrage: Frage 20 75

Abbildung 27 – Ergebnisse der Umfrage: Frage 21 76

Abbildung 28 – Ergebnisse der Umfrage: Frage 22 76

Abbildung 29 – Ergebnisse der Umfrage: Frage 24 77

Abbildung 30 – Ergebnisse der Umfrage: Frage 26 78

Abbildung 31 – Ergebnisse der Umfrage: Frage 29 78

Abbildung 32 - Zusammenfassung Umfrage unter 197 Mitarbeitern.................................. 80

Abbildung 33 - Bewertungsschema Auswertung Interviews 83

Abbildung 34 – Auswertung Interviews: Agiles Projektmanagement im Unternehmen....... 84

Abbildung 35 – Auswertung Interviews: Kommunikation als Führungskraft....................... 85

Abbildung 36 – Auswertung Interviews: Selbstwahrnehmung 86

Abbildung 37 – Auswertung Interviews: EL, Selbstführung und AEL 87

Abbildung 38 – Die Chronologie dieser Masterthese 106

Tabellenverzeichnis

Tabelle 1 – Auflistung der Fragen der Mitarbeiterumfrage 68

Tabelle 2 – Auflistung der Interviewpartner 81

Tabelle 3 – Auswertung Führungskräfte (AP und EL) 82

Tabelle 4 – Auflistung der Anlagen (auf CD) 125

Abkürzungsverzeichnis

AEL	Agile-Emotional-Leadership
APM	Agiles Projektmanagement
CEO	Chief Executive Officer
Bspw	beispielsweise
Bzw	beziehungsweise
EL	Emotional Leadership
Etc	et cetera
FK	Führungskraft
MA	Mitarbeiter
PM	Projektmanagement
Sog	sogenannte(n)
U.a.	unter anderem
Usw	und so weiter

Definitionsverzeichnis

Emotionale Intelligenz:[1]
Emotionale Intelligenz ist die Fähigkeit, die Emotionen eines anderen zu erkennen und angemessen darauf zu reagieren. Sie wird in vier grundsätzlichen Dimensionen unterschieden. Die subjektive Aufmerksamkeit für eigene und fremde Emotionen, die Häufigkeit des emotionalen Ausdrucksverhaltens, die Vielfalt unterschiedlicher Emotionen und der Grad der empfundenen Unterschiedlichkeit zu den eigenen Emotionen.

Emotional Leader: [2,3,4,5,6]
Die in dieser Arbeit als Emotional Leader bezeichneten Personen sind Führungskräfte, die mit den Grundlagen der emotionalen Intelligenz vertraut sind und diese in ihrem Führungsstil berücksichtigen. Es sind Führungskräfte, die in besonderem Maß zur Zufriedenheit der Mitarbeiter zur Produktivität und zum Gewinn des Unternehmens[6] beitragen.

Agiles Projektmanagement:[7,8]
Agiles Projektmanagement ist ein Überbegriff, der verschiedene Methoden beinhaltet. Ursprung dieser Methoden ist das 2001 verfasste „Agile Manifest".

Harte und weiche Faktoren:[9]
Harte Faktoren (sog. hard facts) lassen sich in betriebswirtschaftlichen Kennzahlen wie Kosten, Umsatz oder Durchlaufzeiten ausdrücken. Zu den weichen Faktoren (sog. soft facts) zählen bspw. Images, Stimmungen, Wissen und daraus resultierendes Verhalten wie Motivation, Eigeninitiative oder bestimmte andere Handlungsweisen.

Authentizität:[10]
Authentisch zu sein, bedeutet, man selbst zu sein. Eine Person wirkt echt, ungekünstelt, offen und entspannt. In dieser Arbeit sind authentische Führungspersonen jene, die sich selbst reflektieren und sich mit ihren Stärken und Schwächen auseinandersetzen.

---

[1] Vgl. Prof. Dr. Günter W. Maier (2017)
[2] Vgl. mindtools.com (2017)
[3] Vgl. Andrea Ovans (2015)
[4] Vgl. projektmagazin.de (2014)
[5] Vgl. boundless.com (2017)
[6] Vgl. hbr.org (2015)
[7] Vgl. projektmanagement-definitionen.de (2015)
[8] Vgl. Atlassian.com (2017)
[9] Vgl. Prof. Dr. Jan Lies (2017)
[10] Vgl. Jochen Mai (2013)

1 Einleitung

> „In wenigen Jahren wird fast alles neu und anders sein: was wir tun, wie wir es tun und warum wir es tun – wie wir produzieren, transportieren, finanzieren und konsumieren, wie wir pflegen, heilen, erziehen, lernen, forschen und innovieren, wie wir informieren, kommunizieren und kooperieren, wie wir arbeiten und leben. Und als Folge ändert sich auch: **wer wir sind**." [11]
>
> – Fredmund Malik

Konzepte zur Unternehmensführung unterliegen seit jeher dem Druck zur Anpassung und Erneuerung. Durch die Globalisierung und die fortwährende Digitalisierung ist diese Anforderung komplexer geworden und hat radikal an Schnelligkeit gewonnen.

Internetpräsenz, App-Anwendungen für Dienstleistungen und Produkte oder Online-Bestellsysteme, Unternehmen müssen den digitalen Trends folgen, um wettbewerbsfähig zu bleiben. Die Geschäfte werden via Internet ausgeweitet, Deregulierungen im internationalen Handel sorgen für schnelleren Zugang zu Märkten und besseren Wettbewerbsbedingungen. Gleichzeitig sind neue Rahmenbedingungen zu beachten, wie z.B. ökologische, soziale, rechtliche und ethische Standards. Das Unternehmensimage muss aktiv gepflegt werden, sowohl öffentlich als auch intern. Social-Media-Teams sind fester Bestandteil der Abteilungen für Öffentlichkeitsarbeit in großen Unternehmen und Konzernen.

Neue Mitbewerber treten in den Markt ein, insbesondere im Online-Handel, aber auch bei vielen Dienstleistungen, die lokal erbracht, aber online gekauft werden (z.B. Fahrdienste, Lebensmittellieferungen, Urlaubsreisen). Kunden bewerten und vergleichen in Online-Portalen, teilen ihre Erfahrungen über soziale Netzwerke und wechseln gegebenenfalls schnell zu neuen oder anderen Anbietern. Gleichzeitig verkürzen sich Innovationszyklen. Neue, bessere Produkte und Dienstleistungen erobern den Markt und setzen immer wieder neue Trends.

---

[11] Fredmund Malik (2014, S.20)

Peter F. Drucker beschrieb bereits Ende der 50er Jahre in seinem Buch „Landmarks of Tomorrow", den Zwang zur Anpassung für Unternehmen und ihre Mitarbeiter. Er schrieb, dass allen voran die sogenannte „Wissensarbeit" viele traditionelle Arbeitsweisen größtenteils ersetzen wird.[12] Drucker schrieb, dass Organisationen, die diesen Wandel nicht vollziehen, ihre Leistungsfähigkeit früher oder später einbüßen würden und damit jene Mitarbeiter nicht mehr anziehen oder halten können, die maßgeblich die Gesamtleistung des Unternehmens und damit ihre Zukunft beeinflussen werden.[13]

Unternehmenskulturen werden von ihren Mitarbeitern, vornehmlich von den Führungsriegen entwickelt und geprägt. Zahlreiche Forschungsarbeiten und Studien haben sich mit dem Themenfeld der besten und wirksamsten Führung und ihrem Wandel befasst. 30 Jahre nach Drucker schrieb John P. Kotter im Jahr 1990 in seinem Buch „Force For Change", damals war er Professor für Führungsmanagement in Harvard, dass bisherige Manager mehr Wert auf das Organisieren der Abläufe sowie auf die Planung und Kontrolle gelegt hätten und es die Aufgabe der künftigen, sogenannten „Leader" sei, ihre Mitarbeiter mit Visionen zu inspirieren.[14] Kotter gilt als Pionier moderner Führungskonzepte.

Heute, weitere 30 Jahre später, finden sich die Gedanken und Ansätze von Drucker und Kotter in zahlreichen weiterentwickelten Konzepten wieder, wie bspw. „Leadership 4.0"[15], „Leadership-Partnership"[16] und „Agile-Leadership 3.0"[17], und werden weltweit diskutiert. Junge Unternehmen, die trotz ihrer kurzen Geschichte schon zu den Weltmarktführern im Technologie-Sektor gehören und Milliarden-Umsätze vorweisen können, haben neue Voraussetzungen, Bedingungen und Erwartungen geschaffen, die ebenfalls einen Einfluss auf die Zusammenarbeit von und in Unternehmen haben. Start-Ups arbeiten mit flexiblen und weitgehend hierarchiefreien Modellen, von der Arbeitsorganisation bis hin zur Büroraum-Architektur. *„Auch für die Leute, die das Unternehmen leiten, gibt es keine speziellen Büroräume"*, sagt Facebook-CEO Mark Zuckerberg in einem auf Facebook live gesendeten Video aus dem Jahr 2015, in welchem er seinen Schreibtisch

---

[12] Vgl. Peter F. Drucker (1957, S.122)
[13] Vgl. Rick Wartzman (2014)
[14] Vgl. John P. Kotter (1990 S.169)
[15] Vgl. Anlage 11 - Personalmagazin - Leadership 4.0 - Partizipativ, agil, Wie sich Fuehrungskraefte kuenftig aufstellen muessen (06_2016).pdf , S.14
[16] leadershippartnership.com (2016)
[17] Vgl. Dagmar Weindl, Dr. Gesine Herzberger (2016)

inmitten eines Großraumbüros zeigt.[18] Die Kommunikation solle offen und transparent gestaltet werden, fügt er an. Weltkonzerne eifern diesen und anderen neuartigen Konzepten nach und wechseln bspw. zu Arbeitsmodellen, bei denen es keine feste Sitzordnung für Mitarbeiter gibt. Unter anderem praktiziert dies die Deutsche Lufthansa an einem ihrer zentralen Standorte in Deutschland.[19]

Führung bedeutet heute mehr denn je Vertrauen in die Fähigkeiten von Menschen zu setzen. Führung wird aus den verschiedensten Perspektiven (persönlich, wissenschaftlich, in sozialen Netzwerken u.a.) in der Gesellschaft beurteilt und reflektiert.[20] Allein der Internet-Versandhändler Amazon führt in seiner „Online-Bibliothek" 32.298 Einträge zum Thema *„Leadership"*.[21] Eine Umfrage des Hightech-Verbands Bitkom hat ergeben, dass sich jeder vierte Internetnutzer in Deutschland im Netz über potenzielle Arbeitgeber informiert.[22] Internetseiten, die Bewertungen von Arbeitgebern bieten, gibt es mittlerweile in großer Zahl. Auch in sozialen Netzwerken werden Erfahrungen über Arbeitgeber ausgetauscht. Unternehmen sind dadurch transparenter geworden, die Arbeitgeberauswahl selektiv und die Mitarbeiterführung steht im Fokus.[23]

Das alte Bild des (lauten) „Anweisenden" und (stillen) „Angewiesenen" hat sich verändert. Das neue Führungsverständnis beinhaltet, dass Vorgesetzte ihr Team für die Aufgaben „befähigen", mit ihnen auf Augenhöhe kommunizieren und eine kontinuierliche Weiterentwicklung ermöglichen.
Eigenverantwortete, logisch verknüpfte und durch digitale Medien vernetzte Arbeitsprozesse, sowie Echtzeitkommunikation direkt vom Arbeitsplatz eines jeden Mitarbeiters sorgen für enorme Effizienzsteigerungen, auch beim Führen (z.B. durch Nutzung von Skype, Instant Messaging oder Web-Plattformen). Nicht nur Start-Ups, sondern vermehrt traditionelle Firmen, mit einer jahrzehntelang gewachsenen Unternehmenskultur setzen auf diese innovativen Lösungen zur Steuerung ihrer Geschäftsprozesse. Dafür ist in vielen Fällen eine neue Unternehmenskultur notwendig, bei der die individuellen Kompetenzen der Verantwortlichen und eine größere Autonomie der Beschäftigten im Vordergrund stehen,

---

[18] Vgl. Stephan Dörner (2015, ab 00:45 Min.)
[19] Vgl. Claudia Obmann (2015)
[20] Vgl. Andrea Sattler (2016, S.14)
[21] Amazon.de (2016)
[22] Bitkom.org (2013)
[23] Vgl. Kununu.de (2016)

sowie eine Managementkultur, die alle Beteiligten in die Entwicklungen von Entscheidungen einbezieht.[24]

Die digitale Revolution hat dazu geführt, dass die junge Generation der Berufstätigen über eine hohe Medienkompetenz verfügt, die sie seit frühester Kindheit ausbilden konnten.[25] Für sie ist es eine Selbstverständlichkeit der alltäglichen Lebensführung, vernetzt zu sein, Geschäfte online zu erledigen, Wissen (z.B. bei Wikipedia, YouTube-Tutorials, Online Bibliotheken, TED Forum) aus dem Internet zu beziehen und dort mit anderen zu teilen, Geschäftsbeziehungen online zu pflegen, ihre Kompetenzprofile in Berufsbörsen zu stellen und den großen Teil der täglichen Kommunikation in der virtuellen Welt mobil abzuwickeln.

Diese Kompetenz bringt diese Generation gratis mit zur Arbeit. Aufgaben werden vom Smartphone aus erledigt, die früher nur durch Fachkräfte und bürokratischen Aufwand nach intensiven Schulungen auf bestimmte Geräte und Software durchgeführt werden konnten. Fortbildung in diesem Bereich war nicht selten eine Form der Belohnung zur Förderung von Mitarbeitern. Smartphones, Software und Apps (Anwendungen auf Mobilgeräten) waren im privaten Gebrauch schon tief etabliert, bevor Unternehmen verstanden haben, wie hervorragend diese für Unternehmensprozesse genutzt werden können.

Die Vernetzung von Alltagsgegenständen, das sog. „Internet der Dinge", wird diese Entwicklung zukünftig in die nächste Phase begleiten. Selbstfahrende Autos, sprachgesteuerte Haushaltsgeräte, automatisierte Fremdsprachenübersetzungen sind nur einige der technologischen Entwicklungen, die unsere Welt im Privaten und Beruflichen in den nächsten Jahren nachhaltig prägen werden.[26] Die universelle Verfügbarkeit von nahezu allen Gütern, Informationen und Dienstleistungen in Verbindung mit immer niedrigeren Preisen, ermöglichen es fast jedem daran teilzuhaben. Alles wird sich verändern: *„Die Wirtschaft, die Gesellschaft, unsere Art zu leben und zu denken"*, sagt der Ökonom Jeremy Rifkin in seinem Buch *„Die Null-Grenzkosten-Gesellschaft"*.[27] Er sagt in diesem Buch ebenfalls voraus: *„Das Internet der Dinge (IdD) wird eines Tages alles und jeden verbinden, und das in einem integrierten, weltumspannenden Netz"*.[28]

---

[24] Vgl. Urs Jäger (2003, S.73)
[25] Vgl. Sven Haustedt (2016)
[26] Vgl. Lena Schipper (2015)
[27] Vgl. Harald Staun (2014)
[28] Jeremy Rifkin (2014, S.25)

In der digitalen Umgebung, werden kommunikative und soziale Kompetenz, charakterliche Eignung und Fachkompetenz gleichermaßen von Führungskräften in Unternehmen gefordert.[29] Doch keine Veränderung kommt ohne ihren Preis, ohne ihre Voraussetzungen und ohne ihre Folgen. Eine Welt, die sich scheinbar immer schneller dreht, verlangt eine neue Generation von Führungskräften, die für das Unternehmen schnell die richtigen Entscheidungen treffen können und dabei die richtige Art und Weise der Kommunikation nutzen. In der Studie der Bitkom wird dazu geschrieben:

> *„Neue Arbeitsformen wirken aber auch auf die Unternehmenskultur zurück. Die direkte Kontrolle der Arbeit ist für Vorgesetzte nicht mehr möglich(…) Vertrauen gegenüber den Mitgliedern der Teams und neue Formen der Kommunikation zwischen Führungskräften und Mitarbeitern(…)."*[30]

Der Forschungsgegenstand dieser Arbeit:

Um sich der dynamisch verändernden Wettbewerbssituation anzupassen, wechseln viele Unternehmen von traditionellen, linearen Strukturen zu flexiblen und agilen Organisationsmodellen. Dieser Wandel erfordert eine neue Führungskultur, weil hierarchisch ausgerichtete Führungsmodelle in agilen Systemen praktisch nicht mehr funktionieren können. Vor allem die Umstellung dieser Führungssysteme in den Unternehmen ist eine schwierige Aufgabe. Führung soll den nötigen Freiraum schaffen, die Aufgaben bestmöglich erledigen, Mitarbeiter entwickeln, eine Feedback-Kultur fördern und kommunikationsstark, mitreißend, fachlich kompetent, visionär und auf der Höhe der Zeit sein.[31] In diesem Zusammenhang sind Emotional Leadership und Agiles Projektmanagement vieldiskutierte Konzepte.[32,33] Diese Masterthesis will nachweisen, dass agile Projekte, die durch Emotional Leader geführt werden, für mehr Mitarbeiterzufriedenheit sorgen und erfolgreicher durchgeführt werden können.

Zunächst werden der Ursprung und die wichtigsten Aspekte von **Emotional Leadership** und **Agilem Projektmanagement** erläutert. Die modellhafte Synthese dieser beiden Konzepte in ein Arbeitssystem wird in dieser Arbeit als **Agile-**

---

[29] Vgl. Anlage 23 – Mitarbeiterumfrage Detailauswertung.pdf (S.15)
[30] Anlage 30 - Studie BITKOM Zukunft der Arbeit.pdf (S.7)
[31] Vgl. Anlage 20 - Bertelsmann Stiftung - Zukunftsfaehige Fuehrung (2015).pdf (S.9 u. S.17)
[32] Vgl. Argostino Tarabusi (1990)
[33] Vgl. Lutz W. Eichler (2016, S.31 ff.)

Einleitung

Emotional-Leadership bezeichnet. Diese Zusammenführung beider Methoden, stellt eine Neuerung für agiles Arbeiten dar und bringt für Unternehmen und Projektorganisationen messbare Vorteile z.B in Form von gesteigerter Mitarbeiterzufriedenheit.

Zur weiteren Untersuchung der These, wird durch eine Erhebung von Primärdaten eine Datengrundlage geschaffen. Dazu werden eine Online-Umfrage als quantitative und eine persönliche Befragung durch Interviews eines ausgewählten Personenkreises als qualitative Methode genutzt. Weiterhin werden Sekundärdaten mittels Literaturrecherche zum Stand der Forschung ausgewertet, wie auch eigene Erfahrungen aus der praktischen Anwendungserfahrung als Projektmanager eines agilen Teams hinzugezogen.

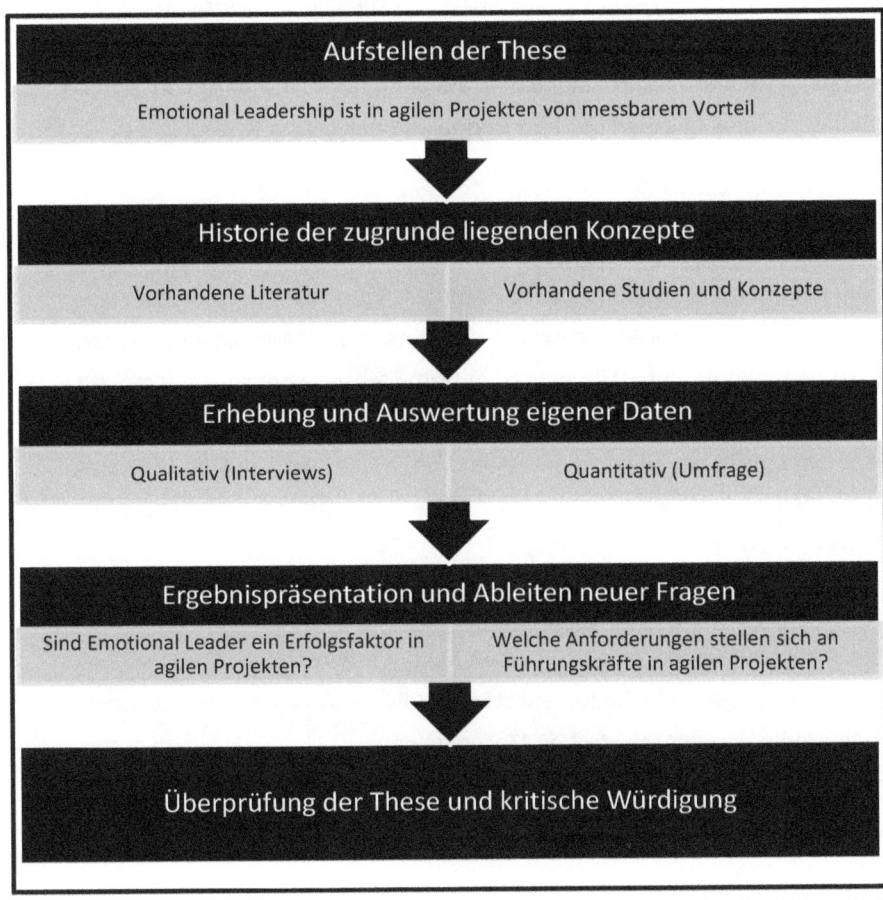

Eigene Darstellung ©Marvin Engel

Abbildung 1 – Der Aufbau der Masterthesis

2 Theoretische Grundlagen

Im Folgenden werden die theoretischen Grundlagen, die dem Agile-Emotional-Leadership (kurz: AEL) zugrunde liegen erläutert. **Emotional Leadership**, bedeutet, das aktiv wahrgenommene Zusammenspiel von Physis, Denken und Fühlen im Führungsverhalten einer Person zu vereinen.[34] Emotional Leader führen Mitarbeiter in Kenntnis der Wechselwirkung von Emotionen und Verhalten und berücksichtigen dies bei ihrer Führungsarbeit. Sie sind selbstbewusst, nicht arrogant und überzeugen ebenfalls mit der Eigenschaft, eigene Fehler offen besprechen zu können.[35] Das macht sie authentisch und dadurch glaubwürdig. In diesem Kapitel wird die Entwicklung von Emotional Leadership skizziert und auf die wichtigsten Werke und bedeutendsten Persönlichkeiten der Konzeptgeschichte verwiesen (siehe Kapitel 2.1). Es folgt eine Darlegung der fünf wichtigsten Eigenschaften von Emotional Leadern bei ihrer Führungsarbeit (siehe Kapitel 2.1.1).

Das zweite zugrunde liegende Konzept, das **Agile Projektmanagement**, hat sich aus der Softwareentwicklung heraus entwickelt. Denn gerade in IT-Umgebungen müssen Arbeitsprozesse aufgrund neuer Anforderungen oder veränderter Rahmenbedingungen schnell angepasst werden. Teams in agilen Projekten steuern sich nahezu unabhängig ohne Hierarchie und arbeiten in einer besonderen Art zusammen. Ein wichtiger Aspekt ist dabei die Nutzung von Kollaborationssoftware. Diese ermöglicht es, alle Teammitglieder über eine gemeinsame Plattform zu vernetzen und dadurch einen virtuellen Arbeitsraum zu schaffen, der ortsunabhängig funktioniert.

In Kapitel 2.2 wird die Entstehungsgeschichte des agilen Projektmanagements skizziert und am Beispiel der agilen SCRUM-Methode exemplarisch erklärt. Die folgende Abbildung zeigt die bedeutendsten zu dieser Arbeit hinzugezogenen literarischen Werke und geschichtlichen Meilensteine.

---

[34] Vgl. projektmagazin.de (2014)
[35] Vgl. 4managers.de (2016)

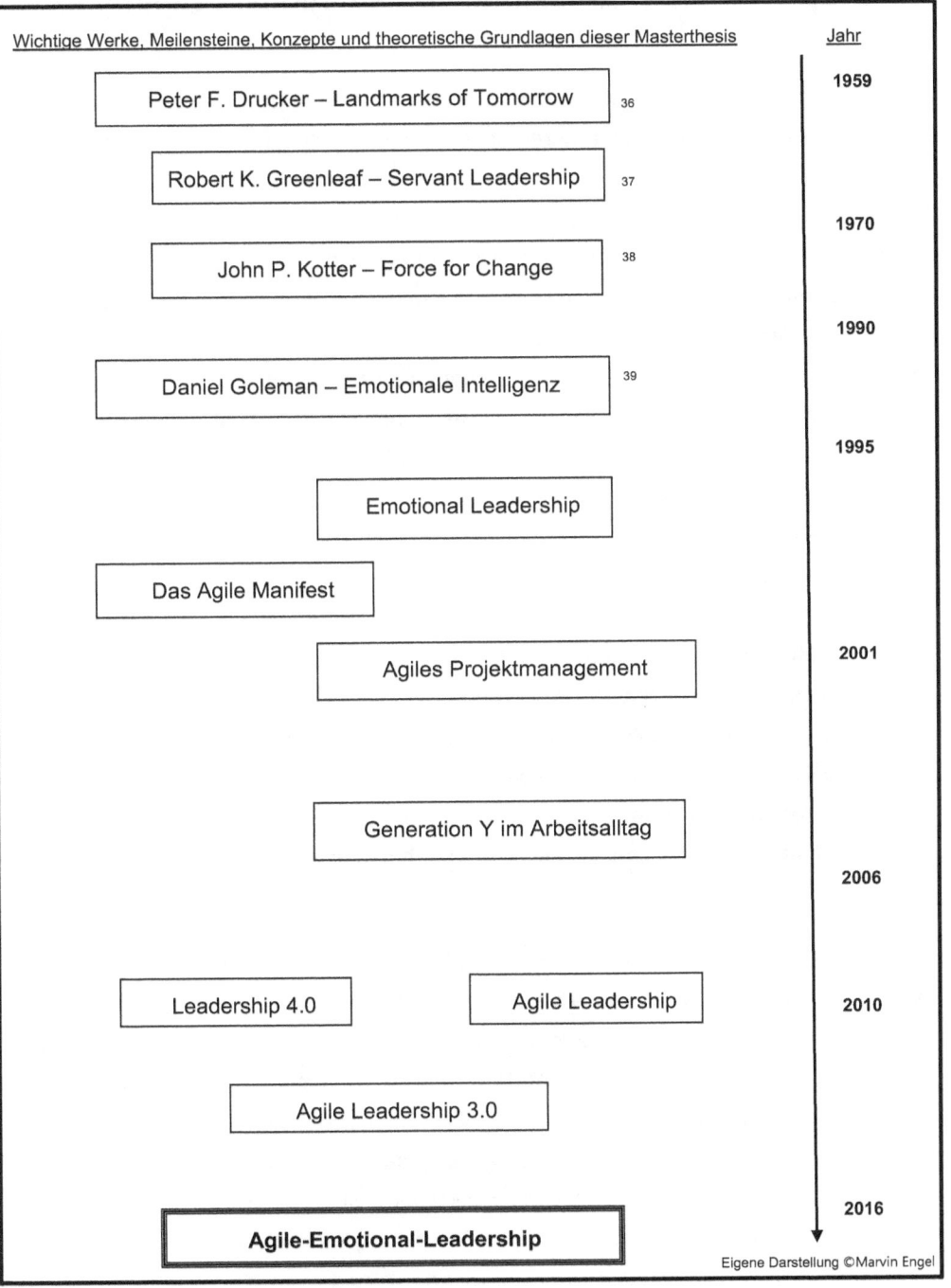

Abbildung 2 – Die Basis theoretischer Ansätze und Publikationen dieser Masterthesis

[36] Peter F. Drucker - Landmarks of tomorrow (1957)
[37] Robert K. Greenleaf (1990)
[38] John P. Kotter (1970)
[39] Daniel Goleman (1997)

Theoretische Grundlagen

2.1 Ursprung und Entwicklung von Emotional Leadership

Emotional Leadership beschreibt die zwischenmenschlichen Fähigkeiten, mit der Vorgesetzte emotional intelligent führen können, um so ihre Mitarbeiter zu befähigen. Produktivitäts- und Ergebniskontrollen sind dabei keine Kernelemente von Führung. Im Mittelpunkt steht der Mensch mit seinem Potenzial, welches wesentlich durch das Verständnis seiner Gefühlswelt geprägt wird.

Daniel Goleman, der mit seiner Forschung und seinem Werk „Emotionale Intelligenz" (1997) den Grundstein für Emotional Leadership gelegt hat, schreibt, dass ein Emotional Leader in der Lage ist sein Team so stark zu motivieren, dass es sich emotional von ihm abhängig macht. Diese Abhängigkeit ist positiv gemeint, denn Mitarbeiter, die sich ihrem Vorgesetzten und ihrem Arbeitgeber emotional verpflichtet fühlen, machen ihre Arbeit laut wissenschaftlicher Erkenntnis gerne und nachweislich besser.[40]

Im Buch „Primal Leadership: Unleashing the Power of Emotional Intelligence" erklärt Daniel Goleman, dass Emotional Leader vor allem in der Lage sein sollten, die Gefühlslagen ihrer Mitarbeiter zu kennen und zu verstehen, sich sogar in diese hineinversetzen müssen, um das volle Potenzial jeder individuellen Person abfragen zu können. Empathie ist eine Schlüssel-Eigenschaft von Emotional Leadership. Diese und weitere Thesen belegt Goleman mit umfassenden Studien und Fallbeispielen, die zeigen, dass Emotionale Intelligenz zu einem Kriterium für Führungskräfte in der Arbeitsrealität vieler Unternehmen geworden ist.[41]

Daniel Goleman schrieb erstmals 2003 von „Emotionaler Führung". Emotionale Führung hat verschiedene Facetten und nicht immer ist der „gute Kumpel" auch der „ideale" Chef.[42] In seinem Buch erklärt Goleman, dass emotionale Intelligenz für Führung essentiell ist. Damit bezieht er sich auf sein weltweit bekanntes Werk „Emotionale Intelligenz" aus dem Jahr 1997. Durch die emotionale Intelligenz würde die Führungskraft wissen, wann welcher Führungsstil gefordert ist. Wann sie dominant auftreten sollte und wann sie ein guter Zuhörer sein sollte.[43] Ein weiterer wesentlicher Teil der emotionalen Intelligenz ist die eine hervorragend entwickelte Menschenkenntnis. Sie ist die Fähigkeit, das Verhalten oder den Charakter von Menschen aufgrund weniger Eindrücke zu erkennen, zu beurteilen

---

[40] Vgl. Daniel Goleman, Richard Boyatzis, Annie McKee (2003, S.29 ff.)
[41] Vgl. Daniel Goleman, Richard Boyatzis, Annie McKee (2013, S.10 ff.)
[42] Vgl. Wirtschatfswoche.de (2015)
[43] Daniel Goleman, Richard Boyatzis, Annie McKee (2003, S.79 ff.)

und in Teilen auch vorhersagen zu können. Man kann besser einschätzen, wie die Personen gegenüber denken und wie sie handeln werden.[44] Dabei ist nicht nur die erste und einzige Begegnung gemeint, sondern das tägliche Arbeitsleben, in welchem sich oft situativ bedingt die individuellen Stimmungen, Meinungen und Reaktionen verändern. Emotional Leadership ist durch die wissenschaftliche und praktische Bestätigung der Erkenntnisse der Emotionalen Intelligenz von Daniel Goleman zu einem Führungsstil geworden.[45]

Schlechte Führung kostet Mitarbeiter. Diese Aussage wurde in den vergangenen Jahren durch unterschiedliche Studien belegt. 2015 hat das Markt- und Meinungsforschungsinstitut Gallup in einer Untersuchung den Zusammenhang zwischen Führungsqualität, Mitarbeiterengagement und Motivation nachgewiesen.[46] Führung bestimmt die Mitarbeiter nicht nur in der Güte ihrer Tätigkeit, sondern in ihrem Wohlbefinden, ihrer Motivation, ihrem Engagement und ihrem Willen, sich für den Unternehmenszweck einzusetzen.

Weiter wurde in der Gallup-Studie von 2015 nachgewiesen, dass die hohe emotionale Bindung an die eigene Tätigkeit die Produktivität erhöht, die Fluktuation verringert und die Rentabilität steigert.[47] Die Studie basiert auf der Untersuchung von 192 Unternehmen aus 49 Branchen mit ca. 1,4 Millionen Mitarbeitern aus 23 Ländern und bestätigt damit die globale Relevanz des Themas.
Seit dem Jahr 2001 erstellt Gallup jährlich anhand von zwölf Fragen zum Arbeitsplatz und -umfeld den sogenannten „*Engagement Index*" für Deutschland. Dieser gibt Auskunft darüber, wie hoch der Grad der emotionalen Bindung von Mitarbeitern und damit einhergehend das Engagement und die Motivation für ihre Arbeit ist.[48] Gallup trägt mit den Forschungsergebnissen seit Jahren zur öffentlichen Diskussion über die Führungsqualität in vielen Unternehmen bei und setzt Maßstäbe bei der Entwicklung neuer Anforderungen an Unternehmen und Führungskräfte.
Die folgende Abbildung 3 zeigt einen Ausschnitt aus der Gallup-Studie 2015. Anhand erhobener Daten (2012 bis 2015) wurde nachgewiesen, dass die Fluktuation, also die Abwanderung der Mitarbeiter, eng mit der empfundenen Führungsqualität gekoppelt ist. Daraus resultiert, dass eine als gut empfundene Füh-

---

[44] Vgl. eq-test.plakos.de (2016)
[45] Vgl. Andrea Ovans (2015)
[46] gallup.de (2015)
[47] gallup.de (2015)
[48] gallup.de (2016)

rung die Produktivität von Unternehmen bedeutend steigert und die Fluktuation senkt.

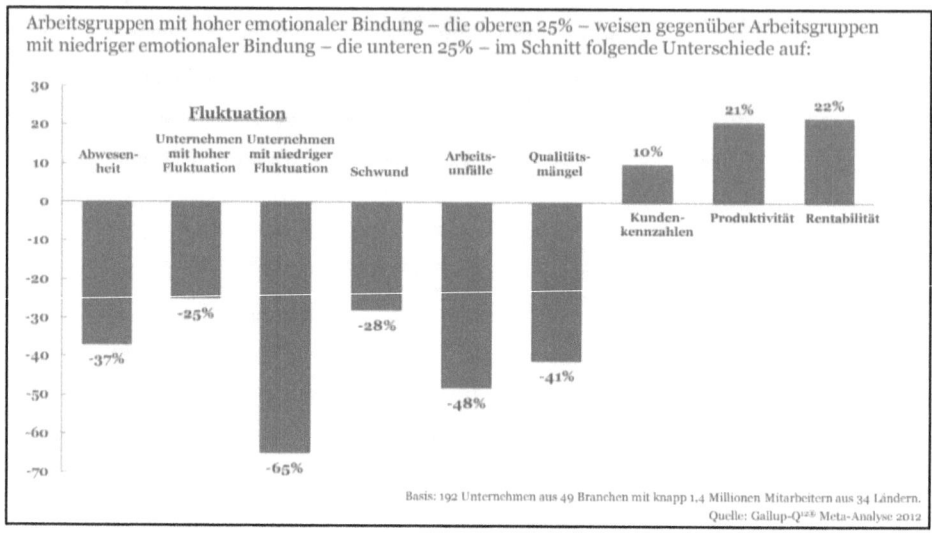

Quelle: Gallup Q12® Meta-Analysis Report (2012)

Abbildung 3 – Gallup Studie 2015

Dr. Reinhard K. Sprenger, Managementberater und Autor, beschreibt in einem Beitrag im Manager Magazin aus dem Jahr 2008 den Grund vieler Kündigungen wie folgt: *„Menschen kommen zu Unternehmen, aber sie verlassen Vorgesetzte".*[49] Mit dieser These unterstreicht er die Ergebnisse von ihm zitierter Studien, die belegen, dass sich Mitarbeiter vor allem aufgrund der Außenwirkung von Unternehmen für eine Bewerbung entscheiden, die gleichen Unternehmen jedoch aufgrund schlecht empfundener Führung verlassen.

Mitarbeiter sind durch die in der Einleitung beschriebenen Möglichkeiten heute schneller bereit, einen anderen Arbeitgeber zu suchen, wenn die Bedingungen beim aktuellen Beschäftigungsverhältnis nicht mehr stimmen. Dort, wo man sich verstanden und wertgeschätzt fühlt, werden Mitarbeiter eher bleiben als dort, wo diese Voraussetzungen nicht gegeben sind.

In seinem Buch *„Servant leadership: Prinzipien dienender Unternehmensführung"* fordert Hans H. Hinterhuber, dass Führen als Dienst am Geführten verstanden

---

[49] Dr. Reinhard K. Sprenger (2008)

Theoretische Grundlagen

werden sollte.[50] Hans H. Hinterhuber griff diese Idee vom Begründer des „Servant Leaderships", Robert Greenleaf, auf. Greenleaf erklärt in seinem Buch „Servant Leadership: A Journey into the Nature of Legitimate Power and Greatness", dass er beim Lesen von Hermann Hesses Erzählung der „Morgenlandfahrt" auf diese Formulierung des „Dienens" gekommen ist.[51] Er plädiert dafür, dass Führung sich nicht als Geber von umzusetzenden Anweisungen versteht, sondern die Geführten als den wichtigsten Teil der Arbeit ansieht und man diesen Personen als führende Person dienen sollte. Das bedeutet die bestmöglichen Rahmenbedingungen zu schaffen, damit sie die Arbeit leisten können, die von ihnen verlangt wird.

2.1.1 Die fünf Kernkompetenzen von Emotional Leadern

Emotional Leader sind keineswegs Menschen, die nach einer festgeschriebenen Bauanleitung geformt werden, sondern Individuen mit eigenen Geschichten, Wünschen, Stärken und Schwächen. Jede Person mit Verantwortung für Mitarbeiter führt auf ihre eigene Art und Weise. Es gibt einige Grundpfeiler im Charakter von Emotional Leadern, die man als „wichtigste" Charaktereigenschaften bezeichnen könnte, ohne die es schwer fallen würde, als Emotional Leader wahrgenommen zu werden. Diese Eigenschaften sind nicht genetisch bedingt, sondern nachgewiesenermaßen erlernbar.[52] Die wichtigsten Eigenschaften von Emotional Leadern sind: [53,54]

1. Empathie[55]

Empathie geht weit über reines Verständnis für die Situation eines anderen Menschen hinaus. Es ist die Fähigkeit, Gefühle anderer Personen ähnlich wie die eigenen wahrnehmen zu können (Mitgefühl). Daraus resultiert neben dem objektiven Blickwinkel als Außenstehender, immer noch ein zweiter, subjektiver Einblick. Ist die betrachtete Person bspw. in einer besonderen Situation, die Außenstehende nicht oder nur sehr schwer nachvollziehen können, so kann ein ausgeprägt empathischer Mensch dies erkennen, verstehen und in den eigenen Gedanken und Gefühlen nachvollziehen. Das ermöglicht ein besseres Verständnis

---

[50] Vgl. Hans H. Hinterhuber (2007, S.67 ff.)
[51] Vgl. Robert K. Greenleaf (1970, S.21 f.)
[52] Prof. Dr. Heinz Stahl (2004)
[53] Vgl. derstandard.at (2015)
[54] Vgl. Anlage 09 - Harvard Business Review - Emotionale Intelligenz (1999).pdf
[55] Vgl. Stefan Sohst (2016)

von Gesagtem, Gestik und Mimik und in der Konsequenz ein einfühlsameres Kommunizieren.

Empathie ist nach wissenschaftlicher Erkenntnis erlernbar.[56,57] Sie wird schon im frühen Kindesalter durch die Erziehung der Eltern vermittelt und ausgeprägt. Sie kann in der weiteren Entwicklung durch Training verbessert werden. Empathie ist besonders wichtig, wenn es darum geht, vertrauensvolle, zwischenmenschliche Beziehungen zu schaffen und zu pflegen. Sie stärkt den Zusammenhalt zwischen Menschen und ist vor allem in der Liebe zu finden.

Auf Führungskräfte bezogen, ist Empathie wichtig, um die Emotionen der Mitarbeiter zu verstehen und richtig interpretieren zu können. Das ist vor allem dann wichtig, wenn Mitarbeiter ihre Handlungsmotive, z.B. aus Angst oder Scham verschleiern und eine schlechte Leistung bspw. private Gründe hat und keine mangelnde Qualifikation für die Aufgabe vorhanden ist. Für Emotional Leader ist Empathie das weitreichende Verständnis für die Mitarbeiter in ihrer Arbeitsrealität. Bestimmte Leistungen können nur unter bestimmten Voraussetzungen erbracht werden. Jeder Mitarbeiter erlebt Zwänge, Nöte, Ängste aber auch Freude und Spaß im Arbeitsalltag. Der Emotional Leader kann die Beweggründe der Mitarbeiter für bestimmtes Verhalten nachvollziehen und mit ihnen darüber sprechen. Gleichwohl ist er fähig, für sich selbst klare Grenzen zu setzen, um sich nicht von Gefühlslagen anderer mitreißen zu lassen.

Empathische Führung ist eine wichtige Eigenschaft für Entscheidungssituationen, die von Unsicherheit geprägt sind. Die konkreten Folgen seiner Entscheidungen mit dem Blickwinkel der davon Betroffenen zu betrachten, deren Wirkung nachvollziehen zu wollen und können, ist ein wesentliches Merkmal der emotional-intelligenten Führung.

Empathie ist auch die Fähigkeit, intuitiv zu denken und damit „weiche", komplexe oder offene Probleme zu lösen, die über die reine Menschenführung hinausgehen. Intuition und Lebensweisheit sind Umschreibungen für eine emotionale Entscheidungsgrundlage, angesichts einer Vielzahl komplexer Herausforderungen. Z.B. wenn höchst kreative und langfristige Entscheidungen getroffen werden müssen oder Situationen im Unternehmen mit hoher Ungewissheit, Zeitdruck

---

[56] Prof. Dr. Waldemar Pelz (2016)
[57] Vgl. Anlage 40 - Matt Tenney - The Mindfulness Edge (eBook TU Braunschweig).pdf (S.67)

oder radikaler Neubeurteilungen, wie bspw. Umstrukturierungen, Neupositionierungen etc. anstehen, sind die Eigenschaften von Empathie wichtig.[58]

2. Menschenkenntnis[59]

Menschenkenntnis bedeutet im Umfeld von Emotional Leadership, dass eine Führungskraft die Beweggründe für das Handeln und für Reaktionen ihres Gegenübers versteht. Dazu gehören vor allem die unterstellten Mitarbeiter, aber auch das gesamte Beziehungsumfeld innerhalb eines Unternehmens.

Eine gute Menschenkenntnis wird oft mit der Illusion verwechselt, Menschen nach dem ersten Eindruck einschätzen zu können. Eine Studie von Prof. Mitja Back von der Universität Münster belegt, dass der erste Eindruck wichtig, aber nicht immer richtig ist.[60] Menschenkenntnis und Lebenserfahrung ermöglichen Emotional Leadern sich vom mächtigen ersten Eindruck nicht täuschen zu lassen – positiv wie negativ. Menschenkenntnis im Zusammenhang mit Emotional Leadership ist die Fähigkeit, verschiedenen Charakteren unvoreingenommen entgegenzutreten, ihre Stärken und Schwächen zu erkennen und mit diesen angemessen umgehen zu können. Dadurch ist eine gewinnbringende und produktive Zusammenarbeit in Situationen möglich, in denen sich andere Führungskräfte durch falsche erste Eindrücke womöglich fehlleiten lassen würden.

Gute Menschenkenntnis entwickelt sich aus besonderer Sorgfalt bei der Beurteilung von Menschen, wenn dies als kontinuierliche Aufgabe verstanden wird, nicht als einmaliges Ereignis wie z.B. bei einem jährlichen Beurteilungsgespräch mit einem Mitarbeiter. Es bedeutet auch, dass große Sorgfalt darauf verwendet wird, die richtige Aufgabe für den jeweiligen Mitarbeiter zu finden. Die eigene Wahrnehmung zu öffnen, zu schärfen, kleine aber bedeutende Wahrnehmungen, die unerfahrenen Leuten entgehen, die aber Aufschluss darüber geben können, wie ein Mensch wirklich ist. Fredmund Malik schreibt in seinem Buch *„Führen, Leisten, Leben"*: *„In Situationen, in denen sich Gelegenheit zu Wahrheit, Ehrlichkeit, Anstand, Offenheit und Integrität bietet"*.[61] Er führt in seinem Werk weiter aus:

---

[58] Vgl. Daniel Goleman, Richard Boyatzis, Annie McKee (2003, S. 67 ff.)
[59] Vgl. Anlage 12 - Lernziel Emotionale Intelligenz.pdf
[60] Uni-muenster.de (2012 S.1 f.)
[61] Fredmund Malik (2001, S.362)

„Menschenkenntnis ist die meistens über viele Jahre geschulte und immer wieder geschärfte und hinterfragte Beobachtung."[62]

Eine Möglichkeit, Menschenkenntnis zu erlernen und zu verbessern, ist das wissenschaftlich anerkannte „DISG Modell". Es bietet eine Visualisierung und Kategorisierung von verschiedenen Charakteren. Beim DISG Modell werden Charaktere in *„Dominant"*, *„Initiativ"*, *„Stetig"* und *„Gewissenhaft"* eingeteilt.[63] Mit dem dahinterliegenden Wissen können bestimmte Persönlichkeitsmerkmale und Verhaltensweisen zugeordnet werden. Die Charaktere im DISG-Modell sind mit verschiedenen Eigenschaften belegt, die auf Studien basieren, wie Menschen in bestimmten Situationen reagieren. Selbstverständlich sind die Menschen und ihr Verhalten facettenreicher als ein Modell es darstellen könnte. Es hilft jedoch dabei, grundsätzliche Charakterzüge schneller einschätzen zu können.

Für eine Führungskraft ist Menschenkenntnis vor allem dann notwendig, wenn es um die Zusammenstellung von Teams geht. Gut einschätzen zu können, welcher Charakter für welchen Teil der Teamarbeit geeignet ist hilft, das produktivere Team zusammenzustellen. Falsch besetzte Positionen im Team führen hingegen zu schlechteren Ergebnissen und Unzufriedenheit. Vergleichbar ist dies mit einem Stürmer in einer Fußballmannschaft, den der Trainer in die Abwehr stellt. Nicht nur, dass die betroffenen Spieler ihre Kompetenz nicht ausspielen können, es steigt auch die Wahrscheinlichkeit, kein Tor zu schießen und die eigene Verteidigung wird zudem geschwächt. Auf diese Weise folgen auf eine falsche Entscheidung der Führung gleich mehrere Nachteile.

Zur Menschenkenntnis gehört es auch, sich selbst zu kennen. Sowohl im Fremdbild (was denken andere über mich, wie deuten, beurteilen und bewerten sie mein Verhalten), als auch im Erkennen der eigenen Stärken und Schwächen (Selbstbild). Und schlussendlich, wie diese in der Interaktion mit anderen wirken, oder gezielt eingesetzt werden können.

> *„Sich dies bewusst zu machen, ist Grundlage eines erfolgreichen Umgangs mit sich und anderen. Ein Stück Selbstbewusstsein, das sich im Verhalten widerspiegelt und von anderen wahrgenommen wird."* [64]

---

[62] Fredmund Malik (2001, S.371)
[63] Vgl. disg-modell.de (2016)
[64] Cynthia Ahrens, Leif Ahrens (2013, S.5)

3. Kommunikationsstärke[65]

Kommunikationsstärke ist die Fähigkeit, auch komplizierte Sachverhalte in verständlicher Sprache zu vermitteln und zu verschiedenen Anlässen die richtigen Worte zu finden. Eine Führungsperson ist immer zu einem gewissen Anteil Moderator und Mediator. Menschen in einem Team oder einer virtuellen Arbeitssituation zueinander zu bringen, erfordert kommunikatives Geschick. Die gezielte Ansprache, verbal wie nonverbal, mittels der richtigen Worte und durch schlüssiges Verhalten („walk the talk"), kann neue Sichtweisen eröffnen und nachhaltige Veränderungen herbeiführen. Damit ist kein Schönreden von negativen Umständen gemeint, sondern eine positive Perspektive in jeder Situation.

Emotional Leader können einer Niederlage – ob persönlich oder beruflich – etwas Positives abgewinnen. Emotional Leader können sachlich fair kritisieren und Fehler offen ansprechen, sogar ihre eigenen. Sie schaffen es ein Team zu ermutigen, aus Niederlagen neue Chancen zu entwickeln, durch echte Überzeugungsarbeit und nicht durch manipulative Geschicklichkeit. Emotional Leader besitzen ein ausgeprägtes Wissen und umfangreiche eigene Erfahrungen über die Facetten zwischenmenschlicher Kommunikation und Interaktion. Und sie wissen viel über sich selbst, weil sie kritisches Feedback von ihrem Umfeld über das eigene Verhalten einfordern, aushalten können und stetig reflektieren.[66] Fredmund Malik beschreibt in seinem Buch:

> „Man informiert und kommuniziert in einer Organisation (…) immer über etwas. Etwa über Ziele und ihre gegenseitigen Beziehungen, über die damit verbundenen Prioritäten, inneren Widersprüche und ihre bestmögliche Formulierung."[67]

Seinem Team zu erklären, warum eine Niederlage eine Chance ist und warum sich gerade jetzt das Weiterkämpfen besonders lohnt, ist ein Beispiel für die Kommunikationsstärke von Emotional Leadern. Eine wesentliche weitere Komponente von Kommunikationsstärke ist das aktive Zuhören. Wer aktiv zuhört, zielt darauf ab, sich in den Gesprächspartner einzufühlen, beim Gespräch mitzudenken und interessiert und vor allem aufmerksam zu folgen.[68] Es signalisiert dem

---

[65] Vgl. Klaus Schuster (2014)
[66] Vgl. Catarina Specht und Paige R. Penland (2016)
[67] Fredmunk Malik (2001, S.271)
[68] Bernd Oesterreich, Christian Weiss, Oliver F. Lehmann, Uwe Vigenschow (2008, S.335)

Gesprächspartner, dass er wahrgenommen und ernst genommen wird, dass seine Worte ankommen und verstanden werden. Der Harvard-Professor William Ury hat in einer Studie nachgewiesen, dass gute Zuhörer zu einem besseren Verhandlungserfolg kommen als Menschen, die sich vor allem auf ihre eigenen Argumente fokussieren. Dadurch zeigt sich, dass der Unternehmenserfolg intern wie extern durch aktives Zuhören gesteigert werden kann.[69]

In der folgenden Abbildung 4 von Andreas Kerneder sind die wesentlichen Merkmale des Aktiven Zuhörens nach William Ury zusammengefasst.[70]

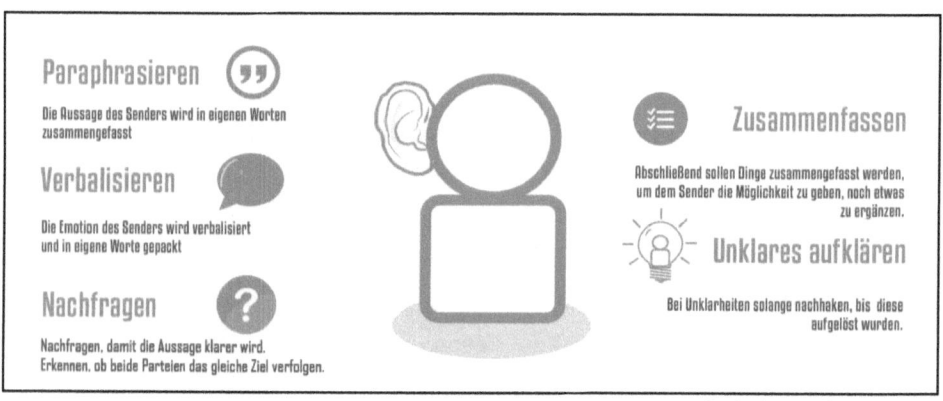

Quelle: Andreas Kerneder (2016)

Abbildung 4 – Aktives Zuhören nach William Ury

Nach dem Standardwerk für Coaches von Eric Lippmann beinhaltet aktives Zuhören *„Einerseits eine wertschätzende Grundhaltung im Gespräch sowie die Rückmeldungen des Coachs auf der inhaltlichen (...) und emotionalen Ebene (…) an sein Gegenüber."*[71]

Kommunikationsstärke bedeutet darüber hinaus, Ziele gemeinsam zu definieren und daraus konkrete Aufgaben abzuleiten, für den Mitarbeiter und für die Führungskraft. So entsteht Orientierung. Fredmund Malik schreibt dazu: *„Information und Kommunikation sind kein Selbstzweck".*[72] Gute Kommunikation stärkt den Willen zur Zusammenarbeit, um daraus neue Werte zu schaffen, die das Unternehmen wachsen und immer besser werden lassen.

---

[69] TEDx Talks (2015, ab 1:42 Min)
[70] Andreas Kerneder (2016)
[71] Eric Lippmann (2006, S.329)
[72] Fredmunk Malik (2001, S.271)

4. Selbstkontrolle über Emotionen[73]

Jeder Mensch wird von seinen Emotionen gesteuert. Emotional Leader sind durch stetige Selbstreflexion in den meisten Situationen in der Lage, ihre Emotionen zu erkennen und aktiv zu steuern. In Extremsituationen funktioniert dies möglicherweise nicht immer vollständig. Der alltägliche Stress am Arbeitsplatz wird von vielen Menschen als belastend empfunden, weshalb es durchaus zu Überreaktionen kommen kann. Emotional Leader können diesen Stress in positiven Stress, sog. Eustress, umwandeln. Positiver Stress befähigt die Person dazu, die Übersicht zu behalten, nicht vorschnell zu reagieren, die Ruhe zu bewahren und besonnene Entscheidungen zu treffen. Des Weiteren kann positiver Stress die Gesundheit langfristig fördern, den Schlaf verbessern und die Ausgeglichenheit stärken.[74] Wenn Emotional Leader z.B. Wut empfinden, steuern sie diese Wut nicht auf andere Menschen, sondern können diese Emotionen mit sich selbst verarbeiten, sie bestenfalls sogar in positive Gefühle umwandeln und als Energie für die Fertigstellung der Aufgabe nutzen. Sie wirken dadurch nach außen kontrolliert, besonnen und seriös.

Das emotionale Klima eines Unternehmens ist eng verbunden mit der Leistung der Mitarbeiter.[75] Dieses Klima wird von den emotionalen Anführern geprägt. Dies müssen nicht immer die offiziell ernannten Führungskräfte sein – im Idealfall sind es aber eben diese. Laut Goleman ist die Fähigkeit, die eigene wie auch die Stimmung der Anderen zu steuern, ein wesentlicher Beitrag zum Erfolg oder Misserfolg eines Unternehmens. Zugleich zeichnet sich laut Goleman eine emotional intelligente Führungskraft durch die Kunst aus, Forderungen durchzusetzen, im Zweifel auch zu kritisieren, unterstützen und Klarheit und Orientierung zu geben, ohne die Mitarbeiter aus dem Gleichgewicht zu bringen. Nach Golemans Analyse hängt es zu etwa 50 bis 70 Prozent vom Chef ab, wie die Mitarbeiter ihre Arbeit empfinden.[76]

5. Emotionale Intelligenz

Jede der zuvor erläuterten Fähigkeiten ist ebenfalls Teil von Emotionaler Intelligenz, doch nur ganzheitlich und in Kombination lässt sich ein emotional-

---

[73] Vgl. Anlage 21 - Heidrun Sass - Die einzelnen Komponenten Emotionaler Intelligenz.pdf
[74] Dr. med. Herbert Renz-Polster (2016)
[75] Vgl. Anlage 40 - Matt Tenney - The Mindfulness Edge (eBook TU Braunschweig).pdf (S.40)
[76] Vgl. Daniel Goleman, Richard Boyatzis, Annie McKee (2003, S.31 ff.)

intelligenter „Leadership-Stil" daraus formen. Die Fähigkeiten aus Lehrbüchern theoretisch zu erlernen reicht nicht aus. Die persönliche Einstellung kontinuierlich an diesen Fähigkeiten zu arbeiten und sie verbessern zu wollen ist der Schlüssel. In Rhetorik und Managementseminaren werden Führungskräfte auf diese Eigenschaften hin trainiert, was allein jedoch nicht ausreicht. Das Erlernte muss internalisiert und damit zu eigenem authentischen Verhalten werden. Dieser achtsame Umgang mit sich selbst, die Selbstreflexion, liefert eine gute Voraussetzung für ein starkes Selbstbewusstsein. Gepaart mit einem gesunden Vertrauen auf die eigenen Fähigkeiten, führt dies letztlich zu einem soliden Selbstwertgefühl. Emotional Leader können diese Stärke auf andere übertragen und ihr Team stark und resilient machen.[77] Daniel Goleman vergleicht in seinem Werk „Konzentriert euch! Eine Anleitung zum modernen Leben", emotional intelligente Menschen mit den Artisten im Cirque du Soleil, die ihre waghalsige Akrobatik nur dank eines entwickelten Körpergefühls und eines direkten Drahtes zu ihrem inneren „Steuerruder" zustande bringen. Goleman bezieht sich hier auf das Konzept der somatischen Marker seines Kollegen Antonio Damásio, welchen er am Mind and Life Institute kennenlernte. Gemäß Damásio sind Emotionen kein Luxus, sondern ein komplexes Hilfsmittel im Daseinskampf. Den trainierten Akrobaten der Zirkusgruppe sagt das Bauchgefühl im entscheidenden Moment, ob ein Entschluss richtig oder falsch ist.[78]

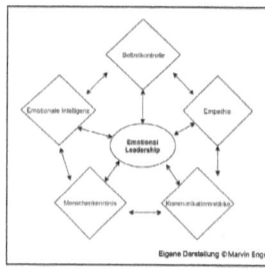

Abbildung 5 fasst die wichtigsten Eigenschaften von Emotional Leadern zusammen und zeigt, dass diese nur in gemeinsamer Verbindung zu Emotional Leadership werden.

Abbildung 5 – Die fünf wichtigsten Charaktereigenschaften von Emotional Leadern

[77] Vgl. Gudrun Gaedke (2015)
[78] Vgl. Yvo Wueest (2014)

Es ist wichtig anzumerken, dass Emotional Leader in ihrer Funktion als Führungskraft wesentlich mehr Kompetenzen, als die fünf Eigenschaften erfüllen müssen. Gute Führung braucht Kompetenz und Gefühl. Abbildung 6 zeigt das sog. *„Schalenmodell der menschlichen Kompetenzen"* nach Jürgen Fuchs aus seinem Buch *„Manager, Menschen und Monarchen: Denk-Anstößiges für Leitende und Leidende"*.[79] Farblich markiert ist der Bereich, den Emotional Leadership hauptsächlich abdeckt (Soziale Kompetenz). Daneben gibt es die weiteren Bereiche *„Persönlichkeits-Kompetenz"*, *„Methodische Kompetenz"* und *„Fachliche Kompetenz"*. In diesen Feldern gibt es jeweils weitere wichtigste Eigenschaften, die eine handlungsfähige Führungskraft mitbringen muss. Der Fokus dieser Arbeit liegt jedoch auf den wesentlichen Eigenschaften von Emotional Leadern im Kontext agiler Projekte.

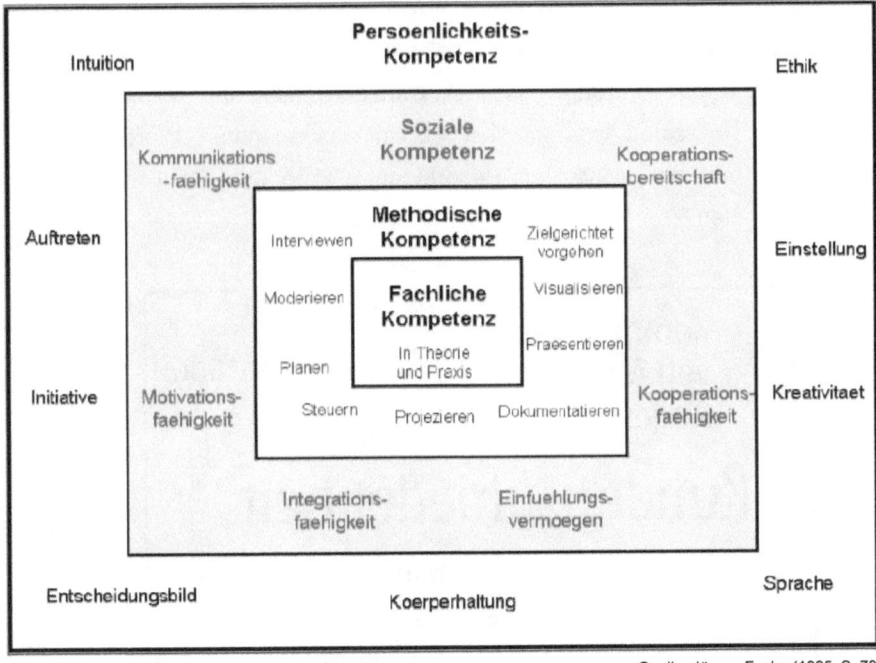

Quelle: Jürgen Fuchs (1995, S. 73)

Abbildung 6 – Das Schalenmodell der menschlichen Kompetenzen nach J. Fuchs

---

[79] Vgl. Jürgen Fuchs (1995) S.73

Theoretische Grundlagen

2.2 Entwicklung des Agilen Projektmanagements

Agiles Projektmanagement gründet sich auf die Erkenntnisse der Methoden zur Softwareentwicklung, um der immer schneller werdenden digitalen Entwicklung gerecht zu werden. Der Begriff des Agilen Projektmanagements, wurde im Jahr 2004 von Ken Schwaber, dem Miterfinder der agilen SCRUM-Methode (siehe 2.2.1) in der *„Monographie Agile Project Management with Scrum"* erstmals populär, obwohl der Begriff seit Mitte der 90er Jahre im Kreis von Projektmanagern bereits bekannt war.[80] Hinter den Schlagworten „agile Softwareentwicklung" oder „Agiles Projektmanagement" verbirgt sich eine Ende der 90er Jahre entstandene Gegenbewegung zu den weitaus reglementierteren Ansätzen der 80er- und 90er-Jahre.[81]

Die folgende Abbildung 7 zeigt, wo Ken Schwaber und Jeff Sutherland die Schwerpunkte im agilen Projektmanagement setzten. Mit diesen zwölf Prinzipien begründeten sie im Jahr 2001 das „Agile Manifest". Die Abbildung findet sich im Buch *„Scrum, kurz & gut"* von Holger Koschek, Carsten Sahling und Rolf Dräther, die das schriftlich verfasste *„Agile Manifest"* zu einer sogenannten „Wordcloud" zusammentrugen und die wichtigsten Begriffe der Größe und Position nach Wichtigkeit anordneten.[82]

Quelle: Holger Koschek, Carsten Sahling, Rolf Dräther (2013, S.13)

Abbildung 7 – Das Agile Manifest in einer Word-Cloud-Darstellung

---

[80] Vgl. Jörg Leute (2014, S.25 ff.)
[81] Bernd Oestereich, Christian Weiss, Oliver F. Lehmann, Uwe Vigenschow (2008, S.14)
[82] Holger Koschek, Carsten Sahling, Rolf Dräther (2013, S.13)

Im Mittelpunkt dieser Wordcloud steht die Kundenzufriedenheit. Mit dem agilen Vorgehen sollen interne Prozesse, wie Motivation und Flexibilität im Team verbessert werden, es soll aber vor allem Effekte auf die Kundenzufriedenheit geben, die für Unternehmen über Erfolg und Misserfolg entscheiden.[83]

Die 12 Prinzipien basieren auf vier Grundsätzen des agilen Manifests, die im Wortlaut sind: [84,85]

- *„Individuen sind wichtiger als Prozesse und Werkzeuge"*
- *„Funktionierende Software ist wichtiger als umfangreiche Dokumentation"*
- *„Kooperation mit Projektbetroffenen ist wichtiger als Vertragsverhandlungen"*
- *„Reaktion auf Änderungen ist wichtiger als Festhalten an einem starren Plan"*

Durch den ständigen Austausch und kurze Entwicklungsperioden neuer Funktionen, wird häufiger mit dem Kunden kommuniziert. Dieser kann in kurzen Zeitabständen entlang der laufenden Entwicklung darauf einwirken, die Prozesse entsprechend seiner Anforderungen zu verändern. Das agile Projektteam ist in der Bearbeitung und Umsetzung der neuen Aufgaben größtenteils selbstständig in der Organisation und im Zeitmanagement. Die Zusammensetzung des Teams kann je nach Projektgröße variieren, wobei die ideale Größe von agilen Teams auf fünf bis sieben Personen geschätzt wird.[86] Von diesen Teams kann es je nach Unternehmensgröße auch mehrere parallel geben. Ken Schwaber und Jeff Sutherland definierten: *„Agile Softwareentwicklung heißt mit geringem bürokratischem Aufwand, weniger Regeln als in üblichen Strukturen und einem wiederholbaren Vorgehen auszukommen".*[87]

---

[83] Vgl. Brandeins.de (2016)
[84] agilemanifesto.org (2001)
[85] Vgl. Bernd Oestereich, Christian Weiss, Oliver F. Lehmann, Uwe Vigenschow (2008, S.15)
[86] Vgl. Atlassian.com (2017)
[87] Holger Koschek, Carsten Sahling, Rolf Dräther (2013, S.4 ff.)

Theoretische Grundlagen

2.2.1 Agiles versus klassisches Projektmanagement

Michael Schneegans zeigt in seinem Whitepaper *„Klassisches versus agiles IT-Projektmanagement"* das klassische Projektmanagement wie in der folgenden Abbildung 8 dargestellt.[88]

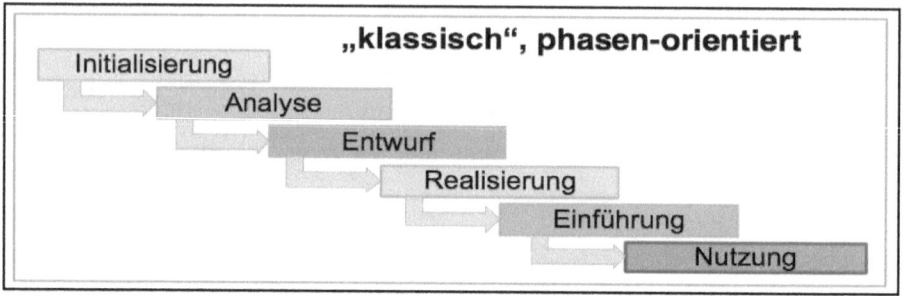

Quelle: Michael Schneegans (2012, S.3)

Abbildung 8 – Klassisches Projektmanagement nach M. Schneegans

Er schreibt dazu, dass ein wesentlicher Bestandteil des klassischen Projektmanagements die ineinandergreifende Verkettung verschiedener Prozessstufen ist. Dieser Ablauf ist in sich geschlossen, und Anpassungen können erst am Ende des ersten Zyklus als eigenständiges, neues Projekt beginnen. Dieses Vorgehen ist auch als das „Wasserfall-Modell" bekannt.

Agiles Projektmanagement hingegen stellt in zwei bis vierwöchigen Zeiteinheiten neue Änderungen und neue Funktionen (Features) im zu entwickelnden Produkt bereit und kann so agil auf weitere Anforderungen reagieren. Das Ergebnis wird anhand der folgenden Entwicklungsperiode weiterführend überarbeitet und verfeinert. Diese Arbeitsweise wird *„iteratives Vorgehen"*[89] genannt. Alternativ ist im agilen Projektmanagement auch das *„inkrementelle Vorgehen"*[90] möglich. Dieses unterscheidet sich nur dadurch, dass das Produkt noch nicht nutzbar ist und erst um weitere Inkremente ergänzt werden muss. In beiden Vorgehen werden die Entwicklungsperioden SPRINT genannt. Schneegans stellt das agile Projektmanagement wie in Abbildung 9 gezeigt dar.[91]

---

[88] Michael Schneegans (2012, S.3 u. 4)
[89] Thomas Lieder (2008)
[90] Thomas Lieder (2008)
[91] Michael Schneegans (2012, S.3 u. 4)

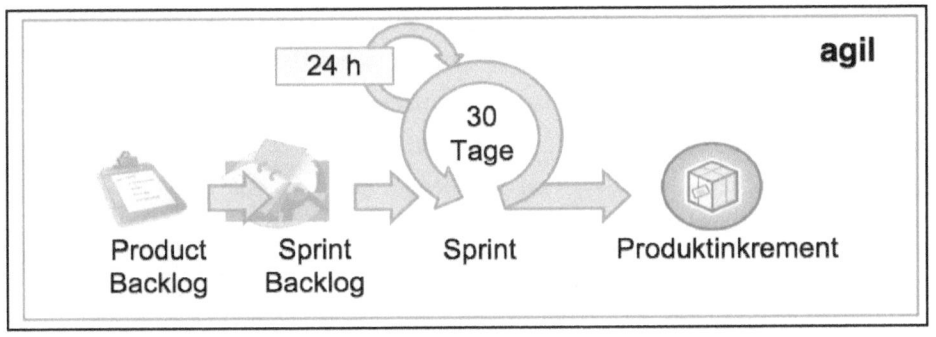

Quelle: Michael Schneegans (2012, S.4)

Abbildung 9 – Agiles Projektmanagement nach M. Schneegans

Der Vorteil des agilen Vorgehens gegenüber der klassischen Projektmethode ist, dass auf neue Anforderungen und Wünsche von innen und außen deutlich schneller reagiert werden kann. Der Nachteil ist die weniger gute Planungsmöglichkeit im Vorwege. Der Plan wird vielmehr mit jedem SPRINT geprüft und konzeptionell angepasst. In besonderen Fällen erhält ein Projekt niemals den Status „Erledigt", wenn es kontinuierlich weiterentwickelt wird (oder werden muss). Vor diesem Hintergrund sind die Personen, die das Projekt führen in der Verantwortung aufmerksam und involviert die Entwicklungen mitzugestalten. „Im agilen Projektmanagement wird der Mensch als Haupterfolgsfaktor eines Projektes angesehen".[92] Es ist ihre unbedingte Aufgabe, möglichst viele Prozesse umfassend zu verstehen und den Rahmen immer wieder neu für das Team zu definieren. Orientierung und Zielbewusstsein kann durch die sogenannten Meilensteine geschaffen werden. Der Kern des agilen Vorgehens ist ein stark eigenverantwortliches Arbeiten des Teams. Dies steht im unmittelbaren Gegensatz zu einem Führungsverständnis, bei dem die Projektleitung die Arbeitsschritte vorschreibt und die Projektmitarbeiter lediglich Auftragsausführende sind.[93]

Christian Pütter setzt sich in seiner Ausarbeitung mit der Frage auseinander, welche grundlegenden Typen von Projektmanagern es in verschiedenen Projekten – agil und nicht agil – gibt. Er beschreibt drei Typen: Den „*klassischen Projektmanager*", den „*Lean Projektmanager*" und den „*agilen Projektmanager*". Dem „*klassischen*" Projektmanager, dient als Hauptwerkzeug die Planung und Strukturierung im Vorwege eines Projektes. Dieser Projektmanager-Typ kommt vor al-

---

[92] Tobias Trepper (2015, S.64)
[93] Vgl. Bernd Oestereich, Christian Weiss, Oliver F. Lehmann, Uwe Vigenschow (2008, S.22)

lem im „Wasserfall-Modell" vor. Der *„Lean Projektmanager"*, der vornehmlich im Bereich Consulting zu finden ist, beschäftigt sich vor allem damit, vorhandene Projektstrukturen zu verbessern, Effizienzen zu finden und Verschwendungen zu eliminieren. Der *„agile Projektmanager"* ist derjenige, der die Planungsfähigkeit des klassischen und den kontinuierlichen Verbesserungsdrang des Lean Projektmanagers in einer Person vereint.[94]

Neben dem Projektmanager, gibt es in agilen Projekten weitere Rollen. Am Beispiel der agilen Projektmethode SCRUM werden diese im folgenden Kapitel erläutert.

2.2.2 Die Rollen im agilen Projektmanagement am Beispiel SCRUM[95]

SCRUM ist eine weitverbreitete Methode des agilen Projektmanagements. Das Wort SCRUM stammt aus dem Rugby-Sport. In dem sog. Gedränge (engl.: Scrum) treffen sich alle Spieler, versammeln sich um den Ball und sobald dieser vom Schiedsrichter freigegeben wird, stürzen sie sich gemeinsam darauf. Dabei stehen alle Spieler vor der Freigabe dicht gedrängt beieinander, umso möglichst nah an den Ball heranzukommen. In diesem Gedränge, werden Taktiken und Zurufe beider Teams wild durcheinander geworfen. Jedes Team organisiert sich von außen betrachtet wie selbstständig. In dieser Art und Weise verhält sich auch ein agiles Projektteam in der Softwareentwicklung nach der SCRUM-Methode. Es besteht aus den verantwortlichen Projektmanagern, den Product-Ownern, den SCRUM-Mastern und den Entwicklern.[96] In SCRUM-Teams lassen sich die verschiedenen Mitglieder wie folgt charakterisieren.[97]

Führung durch Projektmanager/Projektverantwortlichen:

Die Führungsperson steuert mehrere Projekte gleichzeitig und ist für die Budgetierung und den Kontakt zum Kunden zuständig. Der Projektverantwortliche muss nicht den Inhalt jeder einzelnen Aufgabe der anderen Teammitglieder kennen, sondern überträgt die Organisation an das Team. Die Aufgabe der Projektleitung

---

[94] Vgl. Christian Pütter (2013)
[95] projektmanagement-definitionen.de (2017)
[96] dasscrumteam.com (2016)
[97] Vgl. Dr. Jürgen Fleig (2014)

in agilen Projekten ist es, den einzelnen Teams und Menschen möglichst optimale Rahmenbedingungen für eine selbst organisierte und selbst gesteuerte Arbeit zu schaffen.

Innerhalb eines Projektes beschreibt Bernd Oesterreich in *„APM – Agiles Projektmanagement: Erfolgreiches Timeboxing für IT-Projekte"* die Projektverantwortlichen in diesem Zusammenhang als *„Dienstleister für ihre Mitarbeiter"*[98]. Hier findet sich eine Parallele zum *„Servant Leadership"* von Robert K. Greenleaf, der ebenfalls von der *„dienenden Führung"* schreibt[99] (siehe Kapitel 2.1).

Der Projektverantwortliche ist für die sinnvolle Zusammenstellung des Teams zuständig, passend zum Projekt oder Auftrag. Er ist nötigenfalls Problem- und Konfliktlöser und repräsentiert das Team nach außen. Trotzdem ist die Führungskraft inhaltlich und fachlich in das Thema und in das Team involviert. Durch die Teilnahme an den Daily SCRUM-Meetings (siehe 2.2.2) und die fachliche und inhaltliche Kenntnis des Kanban-Boards (siehe 2.2.2), kann auf führender Ebene schnell auf neue Entwicklungen und Einflüsse reagiert werden. Es ist von Vorteil, wenn der Projektverantwortliche in einem bestimmten Themengebiet fachlich versiert und damit für bestimmte Aufgaben der erste Ansprechpartner (bspw. Programmierung, Prozessketten, Marketing etc.) ist.

Die wichtigste Aufgabe der Projektleitung ist es, den Druck, der von außen auf das Team wirkt, zu mildern. Dieser Druck kann durch den Kunden entstehen, durch Terminänderungen oder durch andere Personen, die im Projekt nicht involviert sind. Konkret können das zum Beispiel Rückfragen zum Projekt aus dem Vorstand sein oder Beschwerden von Kunden. Da der Projektverantwortliche in die Prozesse involviert ist und mit den Mitarbeitern ständig kommuniziert, kann er schnell Berichte erstellen und Fragen beantworten. Als kommunikative Schnittstelle nach außen agiert der Projektverantwortliche im Namen des gesamten Teams. Im Team selbst leitet er, wenn nötig, die Kommunikation und vermittelt zum Beispiel zwischen den Gewerken. Das wichtigste ist, dass der Projektverantwortliche seine Rolle wahrnimmt. Für die Erfolge steht das Team, für die Misserfolge der Projektverantwortliche.

---

[98] Bernd Oestereich, Christian Weiss, Oliver F. Lehmann, Uwe Vigenschow (2008, S.21)
[99] Vgl. Robert K. Greenleaf (1970, S.21 f.)

Product-Owner [100]

Der Product-Owner erstellt ein Konzept und verschriftlich darin die Anforderungen für den SCRUM-Master als sog. „User-Stories". Diese beinhalten die genauen Arbeitsabläufe und klären die strategische Einordnung der neuen Aufgabe. Damit wird dem gesamten Team die Warum-Frage zur neuen Aufgabe beantwortet. Die neuen Arbeitsaufträge werden in kleine Pakete, sog. „Tasks" eingeteilt, kategorisiert und sortiert. Hierbei arbeiten der SCRUM-Master und das Entwicklungsteam eng zusammen und es findet ein Abgleich zwischen Soll und Möglich statt. Da der Product-Owner in der Regel vor allem seine Stärken im Formulieren von Anforderungen hat und weniger Wissen in der Programmierung besitzt, ist ein aktiver Austausch mit dem Team unbedingt notwendig. Im sogenannten „Backlog", dem Sammelbecken aller schon gestellten ungelösten Anforderungen, werden die neuen Aufgaben hinterlegt. Der Product-Owner kann in seinen „User-Stories" auf einzelne Aufgaben verweisen und umgekehrt in einzelnen Aufgaben auf den Gesamtkontext verweisen. So ist es für jeden im Team jederzeit möglich, die Einzelaufgabe oder den Gesamtkontext zu betrachten. Die Erfassung der Anforderungen durch den Product-Owner findet in der Regel auf webbasierten Plattformen wie bspw. Atlassian Confluence statt.[101]

SCRUM-Master [102]

Die vom Product-Owner erfassten Projekt-Aufgaben werden vom SCRUM-Master im erwähnten Backlog sortiert und in die nächste Entwicklungsphase eingeteilt. Er entscheidet in Absprache mit dem Product-Owner und dem Projektverantwortlichen wann, welche Aufgaben fertiggestellt werden sollen und achtet auf die Einhaltung des Zeitplans. Der SCRUM-Master teilt die festgelegten Aufgaben dann in den SPRINT (siehe Abbildung 9) ein und gibt somit den Entwicklern die Möglichkeit, ihrerseits Stellung zu beziehen (z.B. die benötigte Entwicklungszeit zu hinterlegen, offene Fragen zu klären, mögliche Probleme anzusprechen usw.). In enger Abstimmung wird vereinbart, wie viele Aufgaben im folgenden SPRINT erledigt werden können. Sind sich alle über den Umfang und die Dauer des SPRINT einig, wird dieser gestartet, die Entwicklungsphase beginnt. Die Reihenfolge der Abarbeitung innerhalb der Entwicklungsphase bestimmt der SCRUM-

---

[100] Atlassian.com (2016)
[101] Atlassian.com (2016)
[102] Atlassian.com (2016)

Master oder der Entwickler selbst. Während der Entwicklungszeit ist der SCRUM-Master für das Entwicklerteam verantwortlich, steht für Rückfragen bereit, leitet nötigenfalls Eskalationsstufen ein und vermittelt zwischen Entwicklern, Product-Owner und Projektverantwortlichen.

Entwickler

Die Entwickler bearbeiten die Arbeitsaufträge im SPRINT. Während der Erstellung der Arbeitsaufträge sind sie für Rückfragen und Besprechungen erreichbar, damit keine Anforderungen erstellt werden, die in der Umsetzung unrealistisch sind. Die Entwickler arbeiten pro-aktiv an der Erstellung der Aufgaben mit und erhalten sie nicht einfach nur am Ende der Vorbereitung auf den SPRINT.
Die SPRINTs hängen voneinander ab, bauen aufeinander auf und sind für alle jederzeit einsehbar. Probleme werden sofort sichtbar und adressierbar und können dadurch innerhalb des Systems schnell gelöst werden. Transparenz in der Erstellung und Erledigung der Aufgaben ist dabei selbstverständlich. Die Entwickler können sich in der Entwicklungszeit voll und ganz auf ihre Aufgabe konzentrieren, denn SCRUM-Master, Product-Owner und Projektverantwortliche kümmern sich um die Kommunikation mit den Kunden, die Definition neuer Aufgaben, um das Budget und die Ressourcen (Geld und Zeit) und um auftretende Probleme.

2.2.3 Praxisbeispiele für Agiles Projektmanagement

Es gibt unterschiedliche Auslegungen und Meinungen darüber, was agil in der Praxis bedeuten kann. Im Folgenden werden einige Methoden erklärt, die im agilen Projektmanagement (speziell in der SCRUM-Methode) angewendet werden. Begriffe wie „SPRINT-Meeting", „Daily-SCRUM" und „Kanban-Board" haben eine Bedeutung im Hinblick auf die Agilität des Teams und der Prozesse. Die folgenden Beschreibungen geben einen Einblick, wie diese Methoden im agilen Projektmanagement in praktischen Arbeitssituationen umgesetzt werden.

SPRINT-Meeting

In agilen Projekten wird iterativ von SPRINT zu SPRINT geplant. Ein SPRINT ist die schon zuvor beschriebene Entwicklungsperiode, die in der Regel zwei Wochen dauert. Schwaber und Sutherland bezeichnen den SPRINT als *„das Herz von SCRUM"*.[103] Im sog. „SPRINT-Meeting" wird entschieden, welche neuen Aufgaben in die nächste Entwicklungsperiode aufgenommen werden. Ein SPRINT wird in diesem Meeting immer gemeinsam im Team erstellt, diskutiert und verabschiedet. Der Projektverantwortliche, der Product-Owner, der SCRUM-Master und die Entwickler planen gemeinsam und stets im Dialog die Aufgaben für die nächsten zwei Wochen. Obwohl verschiedene Interessen aufeinandertreffen, sind alle dem gleichen Ziel verpflichtet: Der erfolgreichen Fertigstellung aller im SPRINT befindlichen Aufgaben. Bei der Planung der Aufgaben sind alle Teammitglieder gleichberechtigt und dazu angehalten, Probleme und Schwachstellen der Planung und Umsetzung aufzudecken. Gemeinsam wird der SPRINT im SPRINT-Meeting verabschiedet, gemeinsam wird er umgesetzt. Der Projektverantwortliche ist hier nicht selten Vermittler zwischen dem Product-Owner und den Entwicklern. Während der Product-Owner möglichst viele und große Aufgaben im SPRINT enthalten haben möchte, sind die Entwickler an Qualität und ausreichend Zeit zur Erledigung der Aufgabe interessiert. Es liegt hier vor allem an der Projektleitung die Diskussionen zu leiten und für alle ein gutes Ergebnis hervorzubringen.

Daily-SCRUM [104]

Im „Daily-SCRUM", einem Meeting, welches jeden Morgen mit einer maximalen Länge von 15 Minuten[105] und traditionell im Stehen stattfindet, werden die tagesaktuellen Aufgaben gemeinsam besprochen. Es ist die Aufgabe des SCRUM-Masters dafür zu sorgen, dass dieses Meeting stattfindet. Er achtet auch darauf, dass sich alle kurz halten und das möglichst konkret formuliert wird, um den gesetzten Zeitrahmen einzuhalten. Der laufende SPRINT wird betrachtet, es werden Probleme in die Runde kommuniziert und gemeinsam besprochen. Das Team überlegt und hält fest, an welcher Stelle welches Teammitglied mithelfen kann, aktuelle Probleme zu lösen. In diesem Meeting sind alle Personen eben-

---

[103] Anlage 42 - Ken Schwaber und Jeff Sutherland - The Scrum Guide (S.7)
[104] Vgl. Atlassian.com (2016)
[105] Anlage 42 - Ken Schwaber und Jeff Sutherland - The Scrum Guide (S.10)

falls gleichberechtigte Sprecher. Die Entwickler können ebenso Aufgaben an den Projektverantwortlichen stellen, wie dieser an andere Teammitglieder. Es gilt das Motto: Der Beste für die Aufgabe. Das Ziel ist, dass der aktuelle SPRINT und seine fristgerechte Fertigstellung nicht gefährdet werden und dennoch auf aktuelle Situationen, Probleme, Anfragen usw. reagiert werden kann.

Arbeit mit dem Kanban-Board

Kanban kommt aus dem japanischen und bedeutet wörtlich übersetzt Karte. Es ist ein System zur flexiblen, dezentralen Produktionsprozesssteuerung. Das Kanban-Board ist eine Identifizierungskarte, zur Visualisierung der laufenden Prozesse. Alle Teammitglieder haben freien Zugriff auf das Kanban-Board, dadurch kann jeder den aktuellen Status aller Aufgaben jederzeit nachvollziehen. Aufgaben können ggf. auf dem Board weitergegeben oder zurückgesetzt werden.

Das Kanban-System beruht auf dem Pull-Prinzip. Das bedeutet, dass sich die Prozessbeteiligten (SCRUM-Master, Product-Owner, Entwickler) die Aufgaben selbstständig nehmen. Sie können den Status der Aufgabe ändern, ihn anderen Teammitgliedern präsentieren oder zuteilen.[106] Jeder hat die Berechtigung, Aufgaben anderen Personen zu übergeben oder den Status zu ändern.

Die Abbildung 10 zeigt ein solches Kanban-Board.[107] Je nach Projekt können die oberen Spaltenbezeichnungen in der Anzahl und Benennung variieren. In diesem Beispiel gibt es die Spalten „Backlog", „Selected for Development", „In Progress" und „Done". Bezugnehmend auf die in Kapitel 2.2.2 beschriebenen Rollen in einem agilen Projekt, wäre der Backlog-Status für den Product-Owner bestimmt. In diesem Status entwickelt der Product-Owner (zusammen mit dem Team) die Definition der Aufgabe. Ist sie fertig definiert und im System hinterlegt, schiebt er die Aufgabe in die nächste Spalte, in „Selected for Development". In dieser Spalte schaut sich der SCRUM-Master die Aufgabe an, bespricht sie möglicherweise detailliert mit den Entwicklern oder, wenn nötig, erneut mit dem Product-Owner.

Ist die Aufgabe zeitlich fertig geplant und für die Entwicklung vorgesehen, folgt der nächste Status „In Progress". In diesem Status arbeitet der Entwickler an der Umsetzung der Aufgabe (z.B. an der Programmierung einer neuen Funktion). Sind alle Anforderungen umgesetzt, wird die Aufgabe in die letzte Spalte „Done"

---

[106] Dr. Markus Siepermann (2016)
[107] Confluence.atlassian.com (2016)

geschoben. Jedes Teammitglied kann zu jeder Zeit die Aufgaben vor- und zurückschieben und ist immer darüber informiert, welche Aufgaben umgesetzt werden, sich noch in Planung befinden oder bereits fertiggestellt sind. Die Spaltenanzahl lässt sich beliebig erweitern. Das Team arbeitet eigenständig mit dem Kanban-Board. Der Projektverantwortliche kann neben einem schnellen Überblick auch direkt in die Details der Aufgabe wechseln und sich die Anforderungen, das Zeitbudget, eventuelle Kommentare, Anlagen, verknüpfte Aufgaben etc. ansehen.

Das Kanban-Board kann alleinstehend genutzt oder bspw. mit einem SPRINT verbunden werden. Im Kanban-Board werden dann jeweils alle Aufgaben eines aktuellen SPRINTs abgebildet. Ist der SPRINT erledigt, folgen die nächsten Aufgaben wieder in Form einer Präsentation auf dem Kanban-Board. Diese Methode lässt sich für die Softwareentwicklung, aber auch für andere Prozesse und in verschiedensten Unternehmen und Bereichen nutzen. Mit Hilfe des Kanban-Boards wird die Arbeit zentral und für alle transparent organisiert.

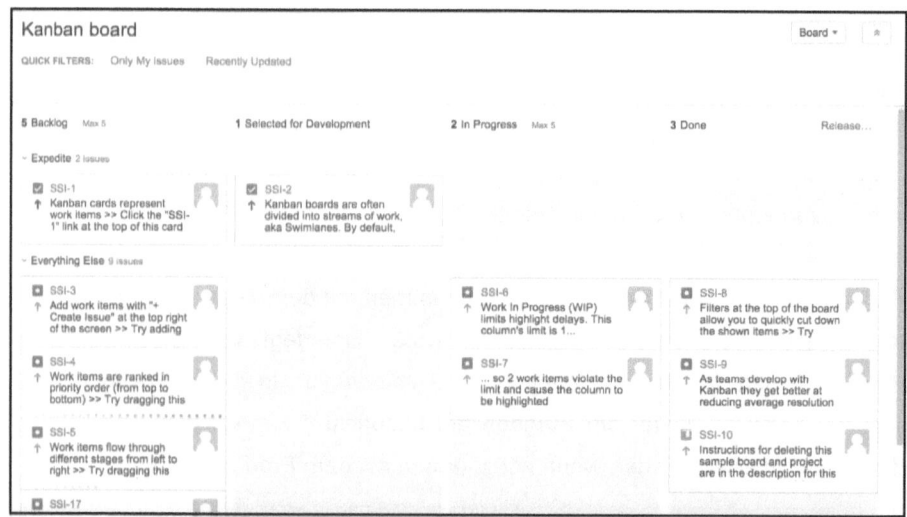

Quelle: Confluence.atlassian.com (2016)

Abbildung 10 – Beispiel eines Kanban-Boards

Beispiel aus der berufseigenen Praxis

Als Projektmanager bei der Instant Data GmbH, die Teil des weltweit operierenden WPP-Netzwerks[108] ist, habe ich als Product-Owner und SCRUM-Master verschiedene Projekte mit der agilen Methode umgesetzt. Abbildung 11 zeigt auszugsweise eine SPRINT-Übersicht, die für einen Kunden erstellt wurde. Die Kundenanforderung bestand darin, eine Datenbank für ein internationales Verkaufsmagazin zu entwickeln. In der Abbildung sind die einzelnen SPRINTs und die jeweils enthaltenen Features zu sehen, die entwickelt wurden. Ein SPRINT dieses Projekts umfasste eine Zeiteinheit von zehn Werktagen (zwei Wochen). Zwischen den SPRINTs nahm sich das Team jeweils zwei Tage Zeit, den abgeschlossenen SPRINT zu besprechen, aufgetretene Fehler zu beheben und den Aufgabenumfang für den folgenden SPRINT zu vereinbaren. Die im unteren Bereich des Charts aufgeführten Meilensteine (in Abbildung 11 unter den SPRINTs), wurden zu Beginn des gesamten Projekts gemeinsam mit dem Kunden festgelegt. Damit waren die großen Entwicklungsziele von Beginn an für das Team und den Kunden transparent, die einzelnen neuen Funktionen wurden dann im jeweiligen SPRINT agil umgesetzt. Ein Meilenstein kann als ein formales und vertragsrelevantes Ergebnis bezeichnet werden, welches eindeutig belastbar ist, wohingegen einzelne neue Funktionen innerhalb der SPRINTs z.B. aufgrund von Problemen oder Zeitmangel in später folgenden SPRINTs erledigt werden können.[109]

Während dieses Projekts wurde deutlich, dass trotz der Vereinbarung einer agilen Projektentwicklung, Kunden oftmals Details und Funktionen vorab definieren wollen, wie bei einer klassischen Projektplanung. Dies führte dazu, dass im konkreten Fall dem Kunden durch die Vereinbarung von Meilensteinen zu vorgegebenen Zeitpunkten eine Lösung geboten werden konnte. Für Unternehmen, die erstmals die agile Methode einsetzen, ist es meiner Erfahrung nach von Vorteil, gemeinsam die Meilensteine an bestimmte Zeitpunkte zu koppeln und in den einzelnen Aufgaben die agile Methode beizubehalten. Dies verschafft dem Unternehmen die gewünschte Planungssicherheit und dem Projektteam die Möglichkeit einer agilen Entwicklung innerhalb der Meilensteine.

---

[108] Wpp.com (2016)
[109] Bernd Oestereich, Christian Weiss, Oliver F. Lehmann, Uwe Vigenschow (2008, S.255)

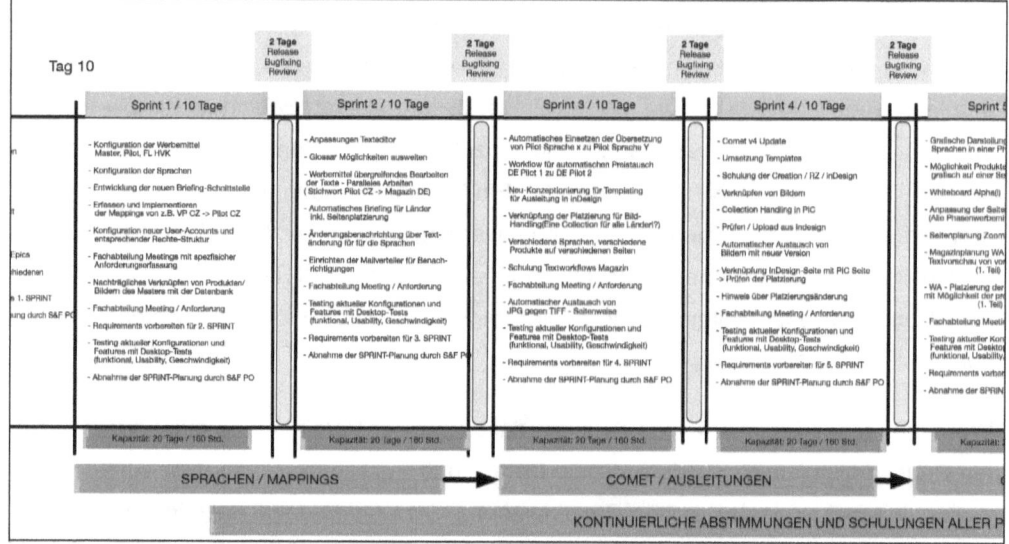

Abbildung 11 – Beispiel von Meilenstein und SPRINT-Planungen (Auszug)

3 Agile-Emotional-Leadership

Nachdem die theoretischen Grundlagen von Emotional Leadership und von agilem Projektmanagement zuvor dargelegt wurden, geht es in diesem Kapitel darum, diese beiden Konzepte miteinander zu verbinden. Diese Zusammenführung wird innerhalb dieser Arbeit Agile-Emotional-Leadership (AEL) genannt. Zunächst werden dabei Ansätze vorhandener Modelle skizziert, die dem AEL-Ansatz ähnlich sind. Mit Blick auf die Forschungsthese, geht es vor allem um die Führungskräfte im agilen Projektumfeld und welche Anforderungen an sie gestellt werden. Die Aktualität und weitreichende Bedeutung des Themas unterstreicht Erdal Ahlatci, CEO von MovingImage24, in einem Interview mit der Zeitschrift Computerwoche zum Thema Agilität und Führung:

> „2016 ist die Agilität in die Personalabteilungen gekommen und damit auch viele Themen wie 360-Grad-Feedback, offene Arbeitsplätze, wenige Hierarchien, Mitgestaltung und Mitbestimmung der Mitarbeiter, Aufbau von agilen Organisationen, Agilität außerhalb der IT. 2017 wird Agile Leadership dazukommen. Agilität funktioniert nicht ohne Führungskräfte, und die Herausforderung ist, die agilen Führungskräfte zu finden oder vorhandene zu agilisieren." [110]

Zum Suchbegriff „Agile Leadership" listet die Online-Videoplattform YouTube 364.000 Videobeiträge[111], inklusive vieler Fachvorträge, Forumsdiskussionen und Expertenbeiträgen, während man in den Bibliotheken dazu kaum etwas findet.[112] Daran zeigt sich, dass zahlreiches Wissen in diesem Bereich heutzutage vor allem online gesammelt ist. Ein Konzept, welches auf der Internetseite agile-lead.com präsentiert wird, heißt „Agile Leadership 3.0".[113]

---

[110] Erdal Ahlatci (2017)
[111] YouTube.com (2017)
[112] buecherhallen.de (2017)
[113] agile-lead.com (2016)

Agile Leadership 3.0

Im Konzept des Agile Leadership 3.0 von Robert Gies werden die seiner Meinung nach besten Methoden aus agilen Vorgehensmodellen (SCRUM, Kanban), Management 3.0 (Delegation, Motivation), Lean Management (Lean Start-up, Kaizen), Empathie, gewaltfreie Kommunikation (GFK), Neuro-Coaching (NLP – Neurolinguistisches Programmieren, limbisches System) und Zen Practices (Regenerierung, Achtsamkeit, Anfängergeist) vereint.[114] *„Bestehende Fachliteratur beschäftigt sich oft nur sehr stark fokussiert mit einem speziellen Thema"* [115], schreibt Robert Gies, der auf seiner Internetseite, auf Messen und Veranstaltungen zu verschiedenen Themen rund um Führung in agilen Projekten referiert. Sein Konzept Agile-Leadership 3.0 beschreibt vornehmlich die neu zu schaffende Unternehmenskultur, die als Grundlage für eine vollständig agile Organisation entstehen soll.

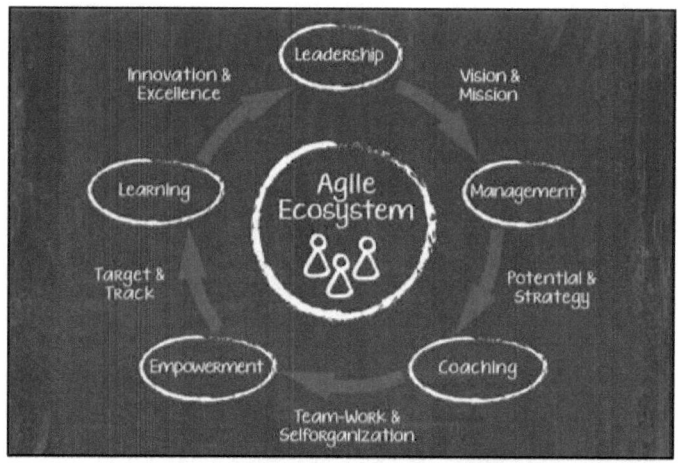

Quelle: agile-lead.com (2016)

Abbildung 12 – Agile Leadership 3.0

Der Unterschied zwischen AEL und Robert Gies seinem Konzept ist, dass in Agile Leadership 3.0 Führungsthemen zwar ein Teil des Konzeptes sind, jedoch nicht anhand des Persönlichkeitsprofils der Führungskräfte besprochen werden. Sein Konzept beschäftigt sich umfassend mit Themen wie Unternehmensstrategie, Reporting, Unternehmensvision, Innovation und nur am Rand mit den Voraussetzungen, die Führungspersonen haben müssen.

---

[114] Vgl. agile-lead.com (2016)
[115] Robert Gies (2016)

Es geht bei Agile Leadership 3.0 um kulturelle Fragen des Unternehmens und wie diese an eine agile Unternehmenswirklichkeit angepasst werden müssen. Agilität wird hier sehr allgemein als ein Ökosystem (in der Mitte in Abbildung 12) bezeichnet, um welches herum sich die verschiedenen Teilbereiche des Unternehmens anordnen. Von Emotional Leadership ist an keiner Stelle des Konzepts die Rede. Ebenso wenig werden konkrete Führungspersönlichkeiten oder Führungsstile thematisiert. Es gibt nur einen allgemeinen Punkt „Leadership".

Kritisch zu betrachten ist hier, dass das agile Ökosystem scheinbar von außen gesteuert wird. Die Führung selbst ist kein Teil des Ökosystems, sondern ist dafür zuständig, von außen die entsprechenden Bedingungen für das agil arbeitende Team im Inneren zu schaffen. Robert Gies führt an: *„Agile Vorgehensmodelle in einem sich ständig ändernden Umfeld sind Pflicht für Unternehmen, um in Zukunft erfolgreich zu sein."*[116]

In einem Vortrag auf der Veranstaltung code.talks vom 30. September 2016 erklärt Robert Gies außerdem, wie wichtig es in einem Team ist, verschiedene Persönlichkeiten zu identifizieren und richtig einzusetzen.[117] An dieser Stelle gibt es eine Verbindung zu den Ausführungen des Emotional Leaderships (siehe Kapitel 2.1.1), auch wenn sie von Gies nicht explizit genannt werden. Er geht bei seinen Ausführungen nur auf die Rahmenbedingungen ein, die im Unternehmen geschaffen werden müssen. Wie die Führungspersonen selbst agieren sollen, was sie für Fähigkeiten mitbringen, welche Verhaltensweisen sie anstreben, und welche Kenntnisse, Charaktereigenschaften und Ausbildung sie haben sollten, oder welche Herausforderungen sie persönlich in agilen Projekten meistern müssen, erläutert er nicht.

Das VOPA-PLUS-Modell

Ein weiteres Konzept ist das „VOPA-PLUS-Modell" von Professor Thorsten Petry. Er forscht an der Schnittstelle zwischen Wissenschaft und Praxis zu den Themen Digitale Transformation und Digital Leadership und hat einen Lehrstuhl an der Hochschule Rhein-Main. Das VOPA-PLUS-Modell basiert auf einer Analyse von

---

[116] Robert Gies (2016)
[117] Robert Gies (2016a, ab 09:54 min)

digitalen Geschäftsmodellinnovationen aus dem Buch „Management by Internet" von Willms Buhse.[118,119] Professor Thorsten Petry beschreibt das Modell so:

> „Die fünf Charakteristika Agilität, Partizipation, Offenheit, Vernetzung plus Vertrauen bilden das sogenannte VOPA-Plus-Modell. (...) Es beschreibt die zentralen Charakteristika diverser digitaler Technologien, vieler digitaler Geschäftsmodellinnovationen und einer adäquaten Unternehmenskultur im digitalen Zeitalter."[120]

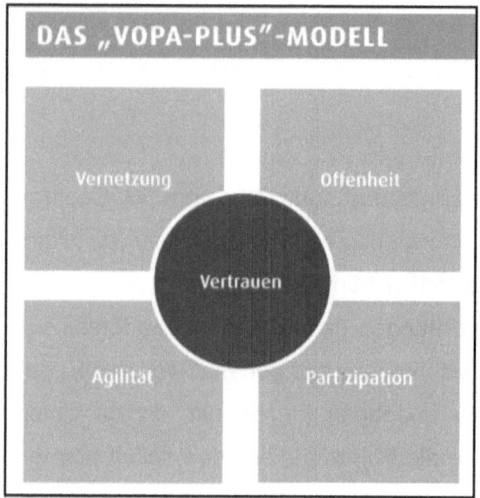

Quelle: Thorsten Petry (2016, S.44)

Abbildung 13 – Vopa-Plus-Modell nach Thorsten Petry

Agilität ist ein Teil dieses Modells, welches jedoch ebenso auf andere digitale Transformationsprozesse angewandt werden kann. Im Vergleich zu Agile Leadership 3.0 ist das Thema Führung hier bereits Teil der Agilität. Agil bedeutet in diesem Zusammenhang nicht zwingend die Anwendung agiler Methoden, sondern verlangt von den partizipierenden Mitarbeitern flexibel oder veränderungswillig zu sein. In der genaueren Beschreibung des Modells[121] lassen sich Hinwei-

---

[118] Vgl. Willms Buhse (2014, S.221)
[119] Vgl. Anlage 11 - Personalmagazin - Leadership 4.0 - Partizipatif, agil, Wie sich Fuehrungskraefte kuenftig aufstellen muessen (06_2016).pdf – S.14
[120] Thorsten Petry (2016, S.43 ff.)
[121] Thorsten Petry (2016)

se und Verknüpfungen zum Emotional Leadership finden, auch wenn dieses ebenfalls nicht explizit genannt wird. Im Folgenden werden die einzelnen Punkte des Modells nach Thorsten Petry erklärt.

Vernetzung bedeutet, dass Mitarbeiter mit ihren Führungskräften informativ und persönlich verbunden sind – und umgekehrt. Petry erklärt dazu in einem Interview mit der Haufe Akademie: „(...)erfordert es, Informationen offenzulegen, und nicht nur Daten und Maschinen, sondern auch Wissensträger zu vernetzen."[122] Das ist nicht gleichbedeutend mit ständiger Erreichbarkeit, sondern bedeutet, dass Mitarbeiter schnelles Feedback erhalten, bspw. auf Fragen an den Vorgesetzten. Es bedeutet ebenfalls, dass die Mitarbeiter untereinander gut vernetzt sind und neueste Technologie dafür nutzen können. Noch immer sind in vielen Unternehmen sog. Instant Messenger (bspw. Skype, Hangouts, WhatsApp, FaceTime usw.) verboten, da der Arbeitgeber oftmals befürchtet, dass sie vor allem für private Zwecke genutzt zu werden. Noch im Jahr 2004 gab es Studien die genau dies für die Nutzung am Arbeitsplatz belegten.[123] Zehn Jahre später nutzen große Unternehmen wie z.B. die Daimler AG diese Programme, um intern und extern zu kommunizieren.[124]

Offenheit bedeutet, dass man in jeder Situation frei über Probleme und Ideen sprechen kann. Im Interview mit Haufe sagt Petry dazu: „Basis hierfür ist eine Vertrauenskultur, denn ohne eine solche ist Offenheit und daran anschließend auch Vernetzung, Partizipation und Agilität nicht möglich."[125] Dies ist auch ein wesentlicher Punkt von Emotional Leadership. Die Führungskraft muss pro-aktiv eine Kultur fördern, in der offen über Probleme, Schwächen und Fehler gesprochen werden kann. Das schließt im positiven Sinne Lob und Feedback mit ein. Eine offene Gesprächskultur bedeutet, dass Themen, die in hierarchischen Strukturen aus Angst oder aufgrund befürchteter Zurückweisung verschwiegen wurden, ehrlich besprochen werden. Das können neben Ausdrücken von Angst, auch Hoffnung, Zuversicht und Spaß sein. In jedem Fall ist die Gesprächskultur von Disziplin und gleichzeitiger Zwanglosigkeit geprägt. Offenheit ist ebenso gefordert, wenn es um neue Methoden, neue Arbeitsweisen oder neue Kommunikationsmittel geht.

---

[122] Thorsten Petry (2016)
[123] Vgl. Peter-Michael Ziegler (2004)
[124] Vgl. Leif Gringmuth (2016)
[125] Thorsten Petry (2016)

Agilität bedeutet nicht zwingend eine bestimmte Methode des agilen Projektmanagements (wie z.B. SCRUM) anzuwenden. Agilität bedeutet im VOPA-PLUS-Modell, dass sich das Unternehmen, die Kultur, die Führung und die Mitarbeiter kontinuierlich weiterentwickeln und diese Haltung als einen ständig andauernden Prozess verstehen. Diese Grundhaltung muss von der Führung vorgelebt werden und in die Planungen für bspw. Jahresbudgets, Fortbildungen und Mitarbeitergespräche mit eingebunden werden. Agilität bedeutet sich regelmäßig neu zu hinterfragen, Aufgaben und Abläufe zu optimieren und für neue Möglichkeiten aus allen Prozessrichtungen offen zu sein. Petry grenzt in seinem Interview hingegen auch klar ab: *„In manchen Bereichen gilt es deshalb, nicht agil zu sein, sondern einem langfristig im Detail vorab geplanten Ansatz zu folgen und somit schon im ersten Wurf eine optimale Lösung zu haben."*[126]

Partizipation bedeutet, dass Mitarbeiter aktiv in die Prozesse und Entscheidungen mit eingebunden werden. Nicht bei jeder Entscheidung können Mitarbeiter bestimmen. Sie sollten jedoch in jeder Situation das Gefühl haben verstanden zu werden. Selbst wenn die Mitarbeiter an Entscheidungen nicht beteiligt werden oder ihnen das Ergebnis nur präsentiert wird, sollte dies in keinem Fall von oben herab geschehen. Mindestens für Rückfragen sollte die Führung zur Verfügung stehen und mögliche Konsequenzen mit den Mitarbeitern erörtern. Petry führt seine Meinung zu diesem Punkt in dem Interview mit Haufe ebenfalls aus:

> *„Setzen Sie sich also intensiv mit agilen Managementansätzen auseinander und nutzen Sie deren Kerngedanken für Ihren Führungsansatz. Gestalten Sie Workshops partizipativer – und arbeiten Sie mit funktionsübergreifenden Teams."*[127]

Vertrauen sollte die Grundlage in allen vorher genannten Bereichen sein und steht in dem VOPA-PLUS-Modell daher in der Mitte. Nur wenn in einem Team respektvoll über Probleme und Ideen gesprochen werden kann, kann auch eine entsprechende vertrauensvolle Atmosphäre geschaffen werden. Hier spielt die Führung die zentrale Rolle. Denn so wie das Verhältnis von der Führungsperson

---

[126] Thorsten Petry (2016)
[127] Thorsten Petry (2016)

zu den Mitarbeitern (vor)gelebt wird, so wird es das Team in den meisten Fällen für sich annehmen. Die Führung ist in diesem Modell beauftragt, eine vertrauensvolle Atmosphäre zu schaffen, in der sich alle gegenseitig offen und ehrlich begegnen und dadurch weiterentwickeln können.

Das VOPA-PLUS-Modell ist in den Themen Agilität und Führung bereits sehr weit fortgeschritten. Als Kritikpunkte kann man anführen, dass Petry sich nicht in allen Unternehmensbereichen für Agilität ausspricht und auch keine konkreten agilen Methoden erwähnt. Das Modell sagt nichts über die besondere Eignung von Führungskräften in agilen Projekten aus. Es bleiben Fragen offen, z.B. welche Voraussetzungen Führungskräfte in agilen Projekten meistern müssen, wie sie sich aufstellen sollten, welche Eigenschaften sie zum Führen erlenen müssen. Petry ist zwar der Meinung, dass nicht alle Bereiche von Unternehmen zur Agilität taugen, wo er diese Grenze zwischen agil und nicht-agil zieht, erläutert er hingegen nicht. Er sagt dazu lediglich: *„Aus Praxis und Forschung lassen sich natürlich einige Handlungsempfehlungen ableiten, die ich in diesem Rahmen aber natürlich nicht alle darstellen kann."*[128]

3.1 Führen in agilen Projekten

Fredmund Malik schreibt in seinem Buch *„Führen, Leisten, Leben"*: *„Worauf es in letzter Konsequenz ankommt ist das gegenseitige Vertrauen, denn dadurch erreicht die Führungskraft eine „robuste" und „belastbare" Führungssituation."*[129]

Auch wenn Malik sich mit dieser Aussage nicht auf Agiles Projektmanagement bezogen hat, definierte er bereits 2001 Aufgaben und Veränderungen der zukünftigen Arbeitsrealität. Die Problemstellungen beim Führen in agilen Projekten sind denen in klassischen Projekten in Teilen ähnlich. Die Unterschiede werden vor allem in der Arbeitsorganisation deutlich, denn in klassischen Projekten ist die Führung von oben anweisend. Das heißt die Angewiesenen erledigen die Aufgaben, die ihnen von der Leitung aufgetragen werden. Oftmals wird vom Management nicht mehr direkt mit den Mitarbeitern kommuniziert. Als Befehlsempfänger

---

[128] Thorsten Petry (2016)
[129] Fredmund Malik (2001, S.136)

gibt es kaum Möglichkeiten Entscheidungen zu hinterfragen oder womöglich bessere Ansätze vorzuschlagen und zu verfolgen.

Das sogenannte mittlere Management hat in klassischen Projekten die Aufgabe die getroffenen Entscheidungen an die Mitarbeiter weiterzugeben. In agilen Projekten gibt es hingegen nur noch wenige Top-Down-Entscheidungen und kaum Hierarchie, auf die sich die Führungskraft oder die Teammitglieder berufen können. Die Führung findet in agilen Projekten in den Reihen der Mitarbeiter statt. Sei es, weil sie sich in der Organisation der Aufgaben selbst führen, oder weil es eines Projektleiters bedarf, der das Team zusammenstellt und in diesem durch eine eigene spezielle Kompetenz mitarbeitet. In agilen Projekten herrschen transparente Strukturen und der Vorgesetzte muss auf seine Rolle als alleiniger Entscheider verzichten können. Aufgaben werden vom Team eigenständig durchgeführt und abgestimmt.

Prozesse werden während des laufenden Projekts selbstständig angepasst. Das bedeutet einen Kontrollverlust in der täglichen Arbeit und ist daher eine der vielen Herausforderungen für Führungskräfte.

Die Führung in agilen Projekten ist dafür da, die Vision in die alltägliche Arbeit zu tragen und als aktiver Teil des Teams einen sichtbaren Beitrag für die Gesamtleistung zu erbringen. Die fachliche Kompetenz ist ebenso entscheidend, wie die kommunikativen Fähigkeiten.

In den folgenden beiden Abbildungen 14 und 15 wird das klassische Management dem Management in agilen Projekten gegenübergestellt. Die Pfeile und die dazugehörigen Linien (aufsteigend von dünn-gestrichelt bis dick und durchgehend) symbolisieren die Intensität der Kommunikation.

Im klassischen Management (Abbildung 14) kommuniziert die Führung nur äußerst selten und wenn dann zu allgemeinen und übergeordneten Themen direkt mit den Mitarbeitern. Kommunikation erfolgt im Rahmen von großen Meetings, in denen alle Mitarbeiter in seltenen Abständen zusammenkommen. Was die tägliche Arbeit betrifft, kommuniziert das oberste Management durch seine Vertreter mit den Mitarbeitern. Die oftmals langfristig angelegten Entscheidungen und Aufträge werden an Stellvertreter oder Abteilungsleiter kommuniziert, die dann in die tägliche Kommunikation mit den Mitarbeitern gehen. Nicht selten gehen auf diesen Wegen viele Informationen und Sinnhaftigkeit des ursprünglichen Auftrags verloren (ähnlich dem „Stille-Post-Prinzip"[130]). Der Grund für Aufgaben wird nicht hinreichend transportiert. Und auch wenn die Stellvertreter eher auf Augenhöhe mit den Mitarbeitern agieren als es das obere Management tut, sind diese ebenfalls selten in die täglichen Arbeitsabläufe eingebunden. Sie gestalten den Prozess nicht aktiv mit, sondern versuchen festgelegten Vorgaben zu folgen.

In agilen Systemen (Abbildung 15) ist die Führung aktiv in die Kommunikation des gesamten Teams eingebunden, welches in der Regel eine Kollaborationssoftware nutzt. Die Führungsperson ist für jeden Mitarbeiter erreichbar und kann alle Aufgaben und Prozesse mitverfolgen, was eine *„effektive und technisierte Prozessüberwachung"*[131] ermöglicht. Durch die eigenständigen Kommunikationswege der Mitarbeiter untereinander, führt dies nicht zu einer Informationsüberflutung der Führungskraft. Sie kann sich durch intelligente Systeme genau das anschauen, was sie möchte, das filtern was aktuell wichtig ist oder in einer Art fortlaufendem Stream das tägliche Geschäft begleiten und sich gezielt einbringen. Die Mitarbeiter sind untereinander vernetzt und benötigen in vielen Schritten keine Anweisungen mehr. Da die Aufgaben und Ziele klar sind, kann die Organisation der Arbeit vom Team selbst übernommen werden.

Abbildung 14 stellt eine statische Struktur, einen Dauerzustand dar, während Abbildung 15 eine Momentaufnahme ist. Die Pfeile in Abbildung 15 bilden eine dynamische Struktur ab. Entsprechend der aktuellen Projektsituation, verändert sich die Zuordnung auch in der Intensität. Es kann jederzeit von jeder Person flexibel reagiert werden. In Abbildung 14 dagegen sind die Kommunikationswege immer in der vorgegebenen Form einzuhalten – von oben nach unten und umgekehrt. Lediglich die Intensität der Kommunikation kann situationsbedingt variieren. In agilen Systemen hilft eine Software wie bspw. Atlassian HipChat[132], die Informationen zu verarbeiten und zu sortieren. Mit HipChat können virtuelle Meeting-Räume erstellt werden, um sich zu einem bestimmten Thema in einer Gruppe auszutauschen. User können zwischen den Räumen wechseln und Entscheidungen für den Rest des Teams aufarbeiten. Die Führungspersonen agieren in diesen Teams produktiv, nehmen Aufgaben entgegen, verteilen Aufgaben an Andere. Das System ist ständig in Bewegung und verschiebt sich kontinuierlich.

---

[130] Axel Schröder (2016)
[131] - Roman Herzog Institut Ausgabe Nr. 22 - Fuehrungsstile und gesellschaftliche Megatrends im 21. Jahrhundert (2013) (S.20)
[132] Atlassian.com (2016a)

Der Vorgesetzte vertraut auf die Fähigkeiten des Teams und verlässt sich darauf, dass diese die Bewegungen selbst steuern.

Maik Pfingsten sagt in seinem Podcast über Agile Leadership: *„(...)agilen Teams einen Auftrag geben und zu verstehen, dass sie eine Gruppe sind von Spezialisten, die einen Auftrag erfüllen und ich ihnen den menschlichen Respekt gebe und ihnen das Vertrauen schenke, dass sie in der Lage sind, dies umzusetzen"* [133]

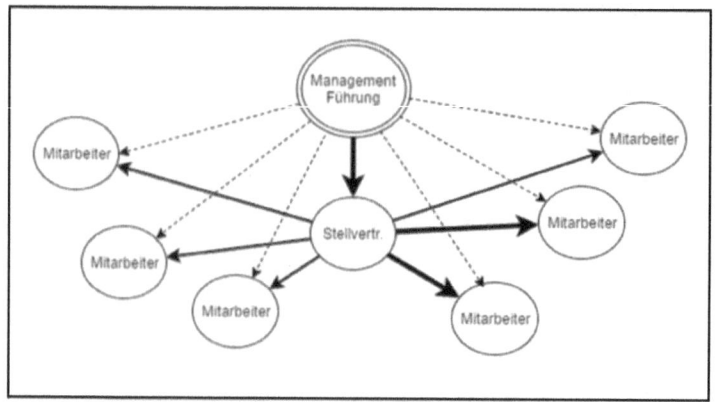

Eigene Darstellung ©Marvin Engel

Abbildung 14 – Das klassische Management (statisch)

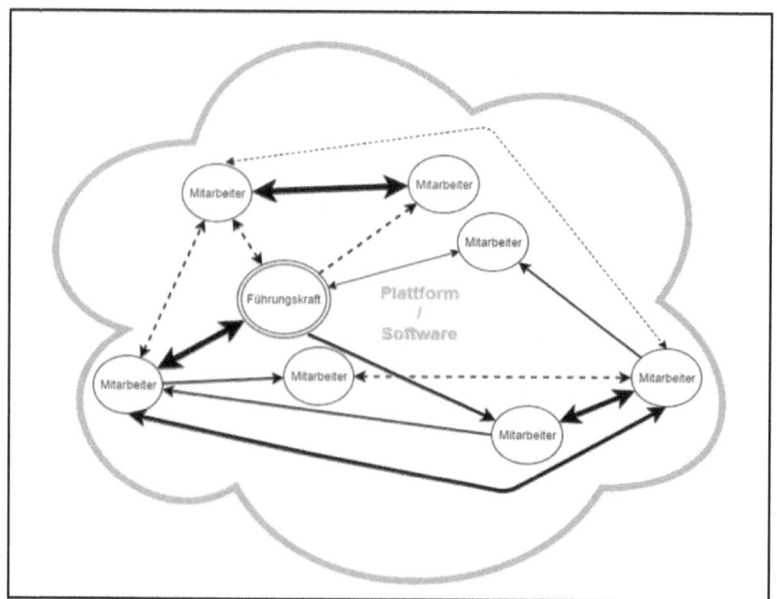

Eigene Darstellung ©Marvin Engel

Abbildung 15 – Agiles, softwaregestütztes Management (dynamisch)

---

[133] Maik Pfingsten (2013, ab 17:30 min) bzw. Anlage 31 - Agile-Leadership-Warum-wir-anders-denken-muessen.mp3, ab 17:30 min

Agile-Emotional-Leadership

Der Widerspruch, dass das Team sich selbst organisiert und es dennoch eine Führung dieses Teams gibt, wirkt nur im ersten Ansatz konträr. Führung wird in agilen Projekten gänzlich anders verstanden als in klassischen Strukturen. Führung bedeutet: weniger vorgeben und mehr befähigen. Dazu führt die Bertelsmann Stiftung in einer Studie zur zukunftsfähigen Führung aus: *„Mit dem Abgesang an die heldenhaften Führungsfiguren, die überall und jederzeit als begnadete Mikromanager auch die Aufgaben ihrer Mitarbeiter besser, schneller und kosteneffizienter erledigen konnten, wird Führung vor allem zur Befähigung der Mitarbeiter, eigenständige Lösungen zu entwickeln."*[134] Durch das aktive Mitarbeiten und den ständigen Austausch im Team, gibt es eine wesentlich stärkere Kompetenzfokussierung bei den Mitarbeitern, aber auch bei der Führungskraft. Diese konzentriert sich weniger auf das Steuern und mehr auf die zu erledigenden Aufgaben. Die Führung muss die agile Kultur vorleben. Es gibt einen Rahmen, der durch die Führungsperson gesetzt wird, dieser orientiert sich an den Möglichkeiten des Teams und an seinem bestmöglichen Einsatz. In seinem Buch *„APM – Agiles Projektmanagement: Erfolgreiches Timeboxing für IT Projekte"* erklärt Bernd Oesterreich dazu:

> *„Welche Werte in einem Projekt gelten, hängt zu allererst davon ab, welche Werte die Projektbeteiligten haben und praktizieren. Die Rahmenbedingungen werden wesentlich von den Führungskräften bestimmt – durch ihr Vorbild und durch die Strukturen, Abläufe und Veränderungen, die sie fordern und fördern."*[135]

Das dynamische System in agilen Projekten bringt allerdings auch viele neue Herausforderungen für Mitarbeiter und Führungskräfte mit sich. Die Unterschiede werden in vielen nötigen Umstellungen deutlich. Im Folgenden sind einige dieser Aspekte stichwortartig zusammengefasst. Darauffolgend werden einige der wichtigsten Themen und Problemstellungen[136] im Detail erläutert. Die wichtigsten Herausforderungen zum Führen in agilen Projekten in Kurzform, adaptiert von Klaus Peren:[137]

---

[134] Anlage 20 - Bertelsmann Stiftung - Zukunftsfaehige Fuehrung (2015).pdf (S.31)
[135] Bernd Oestereich, Christian Weiss, Oliver F. Lehmann, Uwe Vigenschow (2008, S.20)
[136] Vgl. Susanne Mierswa (2016)
[137] Vgl. Klaus Peren (2016)

- Hohe Kundenorientierung in allen Prozessen, vor allem bei strategischen Entwicklungen.
- Dezentrale Entscheidungsprozesse und Organisation des Teams
- Hohe Autonomie im Team, Gefühl von Kontrollverlust der klassischen Führung
- Top-Down-Kommunikation weicht stark partizipativen Modellen.
- Veränderte Führungsarbeit. Ein Teil der Führungsarbeit von Projektleitern selbst wahrgenommen. Diese müssen entsprechend qualifiziert sein und die Software sowie die Aufgabe beherrschen.
- Administrative Führungsarbeit wird weitgehend durch Tools und Software ersetzt, die von der Führungskraft bestmöglich beherrscht werden muss.
- Führung bedeutet nun viel mehr das Coachen und Entwickeln, weniger das Anweisen der Teammitglieder.
- Bereichsübergreifende Teams arbeiten projektbezogen zusammen.
- Dezentrales Zusammenarbeiten
- Feedback und eine positive Fehlerkultur müssen gelebt werden.
- Kulturwandel generell: Von Steuerungs- und Kontrollkultur zu einer Unterstützungs- und Delegationskultur in der quasi jeder delegieren kann.
- Das Performance-Management (z.B. Mitarbeiterbewertungen) muss in allen Teilen überarbeitet werden.

Kulturwandel: Kein Command & Control

Ein agiles Arbeitssystem stellt aufgrund der unmittelbar vernetzten Funktionen und Prozesse (siehe Abbildung 15) und dem transparenten Informationsstand für alle daran Beteiligten völlig andere Anforderungen an Führungskräfte als herkömmliche Strukturen. Ein Grundsatz lautet daher: In agilen Projekten müssen Führungskräfte loslassen können, sie müssen konsequent delegieren (Aufgaben und Verantwortung) und damit leben, nicht alles bestimmen und wissen zu können.

Die in herkömmlichen Strukturen vorhandene Kontrolle ist in agilen Strukturen aufgrund der Schnelligkeit und Informationsmenge nicht mehr möglich. Eigenverantwortlichkeit und Vertrauen sind unabdinglich, um agile Projekte zum Erfolg zu führen. Das Team muss daher dazu befähigt werden, weitreichende Entscheidungen selbstständig zu treffen und vertreten zu können.[138] Die Aufgabe des Vorgesetzten liegt darin, leistungsfähige Teams zusammen zu stellen, jeden einzelnen Mitarbeiter weiter zu entwickeln, zu coachen, und bezogen auf das zu erreichende Arbeitsergebnis, schnell erfolgreich zu sein. Das macht die Führungsaufgabe in agilen Projekten sehr anspruchsvoll. Früher hatte der fachlich Beste alle Voraussetzungen Karriere zu machen und den Spitzenjob zu erreichen. Heute sind in agilen Projekten authentische Leader gefordert, die gut mit Menschen umgehen können und ausreichend fachliche Kenntnisse haben, um den Gesamtablauf unternehmerisch beurteilen zu können – somit in der Position der Führung aktiv als Teammitglied integriert sein müssen.

Sakari Oramo, Chefdirigent der Stockholmer Philharmoniker beschreibt seine Führungsarbeit im Orchester als Leiter, der die Instrumente kennen und wissen muss, wie man diese in einem Konzert bestmöglich zur Geltung kommen lässt. Aber er muss nicht jedes einzelne Instrument so beherrschen wie der Musiker selbst – wenngleich er jedoch verstehen muss, dass ein Cello wesentlich schwerer in der Hand liegt als eine Klarinette. Das Orchester zur Klangharmonie führen und dabei die Rolle eines jeden groß erscheinen lassen, für dieses eine Klangbild, dass zeichnet große Dirigenten aus.[139] Das Klangbild gemeinsam mit allen Musikern des Orchesters weiterentwickeln, zu höherer Performance bringen, so kann im übertragenen Sinn die Rolle eines Leader in einem agilen Team verstanden werden.

Fehler werden transparent – auch in der Führung

Fehler macht kein Mensch gerne und manch einem fällt es schwer zu seinen Fehlern zu stehen. Aus diesem Grund bedarf es einer Projektkultur, die Fehler als etwas ganz Normales im Arbeitsalltag bewertet. In vielen agilen Projekten sind bestimmte Fehlerquoten sogar erwünscht, denn aus Fehlern lernt man meist sehr viel. Malte Fiegler von der Deutschen Gesellschaft für Qualität schreibt dazu:

> „Der positive Umgang mit dem Fehlerwissen einer Organisation (…), ist ein Instrument zur Verfügung, das Fehlerwissen struktu-

---

[138] Vgl. Alexandra Mesmer (2015)
[139] Vgl. Sakari Oramo (2015)

riert nutzbar macht und individuelle sowie organisationale Lerneffekte erzielt."[140]

In agilen Projekten sind Fehler nachvollziehbar (z.B. durch die Software) und eindeutig Prozessen oder Personen zuzuordnen. Sei es ein Team, eine Einzelperson oder die Führungsperson selbst. In Deutschland herrscht immer noch das Bild des Managers, der fehlerfrei seine Arbeit erledigt, effizient und höchst effektiv.[141] Mit dieser zwanghaften und unrealistischen Haltung werden agile Projekte von allen Beteiligten als krampfhaft und beklemmend wahrgenommen. Keiner möchte der Erste sein, der einen Fehler macht. Keiner möchte daher die Verantwortung übernehmen, denn keiner möchte auf der agilen Arbeitsplattform bloßgestellt werden. In agilen Projekten müssen Fehler erlaubt, besprochen und möglicherweise auch gefeiert werden.

Bedeutende Organisationen wie bspw. Google haben dies seit Jahren bereits verstanden. Der ehemalige Google-Chef Eric Schmidt verkündete zu seiner aktiven Zeit im Jahr 2010 dazu: *„Wir feiern unsere Fehlschläge."*[142] Und in seinen öffentlichen Reden zelebrierte er immer wieder den Mut zum Scheitern. Gescheiterte Projekte werden bei Google wie Erfolge der Öffentlichkeit präsentiert, so als wäre ein wichtiges Ziel erreicht worden.

Genau auf diese Art und Weise müssen Fehler in agilen Strukturen verstanden und kommuniziert werden, um dem gesamten Team die Angst davor zu nehmen, eines Tages an einer Stelle zu scheitern.

Kosten sind nicht agil

Es wäre ein großer Fehler die Budgetplanung in agilen Projekten ebenfalls vollständig agil zu betrachten. Unternehmen müssen nachhaltig und gewinnorientiert handeln, nur so können sie überleben. Hier stößt das agile Projektmanagement an seine Grenzen.[143] Budgets von agilen Projekten sind zwar nicht Kern dieser wissenschaftlichen Arbeit, dennoch dürfen gerade Führungskräfte den Kostenfaktor nie aus dem Fokus verlieren. Unternehmerisches Denken wird vor allem von Führungskräften, besser noch von jedem Mitarbeiter gefordert. Sicherlich ist es wichtig, dass Kosten und Budgets sensibel behandelt werden. Trotzdem kön-

---

[140] Malte Fiegler (2016)
[141] Vgl. Daniel Gräfe (2016)
[142] Eric Schmidt (2010, ab 00:50 Min)
[143] Vgl. Eric Marischka (2013)

nen auch hier Mitarbeiter transparent eingebunden und sensibilisiert werden. Warum kann ein gewünschtes Projekt nicht umgesetzt werden? Aus welchen Gründen ist die Anschaffung neuer Technik noch nicht möglich? In solchen Fällen können die Mitarbeiter von der Führung durch Transparenz eingebunden werden. Das Verständnis für eine Sache wächst mit der Beantwortung der Warum-Frage. Warum werden keine neuen Computer gekauft, aber der Eingangsbereich erhält einen neuen Präsentationsbildschirm? Fragen, die unbeantwortet zu Unmut unter Mitarbeitern führen können. Wird ihnen erklärt, dass der Empfangsbereich der Bereich ist, in dem die meisten Geschäftskunden begrüßt werden und ihm dadurch eine erhöhte Wichtigkeit zugesprochen werden muss, werden sie es eher verstehen, als wenn gar nicht mit ihnen darüber gesprochen wird. Es bleibt festzuhalten, dass eigenständiges und agiles Arbeiten der Mitarbeiter nicht mit dem Kontrollverlust der Kosten einhergehen darf.

Hierarchien lösen sich auf

„Technologien zerstören Hierarchien"[144], so lautet ein Kapitel im Buch *„Der vierte Produktionsfaktor: Wachstum und Wettbewerbsvorteile durch Wissensmanagement"* von Thomas A. Stewart. Schon in den 80ern, als Rechnerleistung noch in Speichereinheiten gemessen wurde, die der Größe einer DIN A4 Seite entsprechen, hatte man recht schnell erkannt, welche Demokratisierung der Arbeitswelt durch den Einsatz neuer Technologien bevorstehen würde. Man wusste auch, dass hierarchische Strukturen früher oder später nicht mehr gut in eine immer schneller fortschreitende Digitalisierung hineinpassen würden.
In agilen Projekten sind Hierarchien hinderlich, denn sie blockieren unter Umständen die persönliche Entwicklung der Mitarbeiter. Dafür muss man wissen, dass ein Beschäftigter unter Umständen sogar den größten Teil seines Arbeitstages mit einem abteilungsübergreifenden Team zusammenarbeitet, das Jemandem untersteht, der in einem anderen Teil des Unternehmens oder an einem ganz anderen Ort tätig ist. Das bedeutet, dass er sich mit Projekten beschäftigt, in die sein eigener Vorgesetzter kaum einbezogen ist.

„Wer bitte ist hier Befehlsgeber und wer Befehlsempfänger?" Diese Frage stellt Susan Falzon, Mitglied des Vorstands von CSC Research & Advsiory Service in

---

[144] Thomas A. Stewart (1998, S.180)

Cambridge Massachusetts. Sie führte 1993 eine Studie über Netzwerke in mehr als 75 Unternehmen durch. Sie führt dazu aus:

> „Wird die Arbeit über Netzwerke ausgeführt, so ändert sich, ob man will oder nicht, die Unternehmensstruktur (...) In einem Netzwerk verändern sich die Kontrollmechanismen. Es ist weniger die Arbeit die überwacht wird, dafür stärker die Gesamtleistung und die berufliche Weiterentwicklung eines Mitarbeiters." [145]

Hellene Runtagh, CEO des General Electric Informations Service bestätigt: „Über ein Netzwerk zu kommunizieren, ist absolut unvereinbar mit einer starren, engstirnigen Hierarchie." [146] Agile Projekte sind genau solche Netzwerke, die Runtagh anspricht. Dennoch ist in der vielseitigen Führungsarbeit das Durchsetzen von Entscheidungen nicht selten von essentieller Bedeutung. Es steht in agilen Projekten nur nicht an erster Stelle, denn dort stehen das Team und die beste Lösung im Vordergrund, nicht die von höchster Stelle vorgegebenen Handlungsweisen. In klassischen Strukturen kann sich die Führungskraft bei unbeliebten Entscheidungen auf die Hierarchiestufe berufen. Genau diese sind es allerdings, die in agilen Projekten stark verschwimmen. Durch das nahe Zusammenarbeiten verwischen die Grenzen zwischen Führung und Geführten. Die Führungsperson muss sich dieses Umstandes bewusst sein und durch Kommunikationsstärke, Empathie und Vertrauen führen (siehe 2.1) und nicht durch eine harte hierarchische Hand.

Authentizität und Transparenz sind eine Herausforderung

Wie in Punkt 2 schon angemerkt, machen Menschen Fehler. Und zwar ohne Ausnahme. Professor Dr. Lutz Becker von der Hochschule Fresenius, der eine seiner Studentinnen bei einer Studie zum agilen Projektmanagement begleitete, kommentiert zum Thema Authentizität, dass Mitarbeiter ihre eigenen Ziele und Lösungswege festlegen und sich darin voll entfalten sollten.[147] Nicht nur die Führungskräfte, sondern das gesamte Projektteam, jeder Mitarbeiter sollte daher seine eigene Persönlichkeit, seine eigenen Ideen und Vorstellungen zur Zielerfüllung einzubringen. Das ist herausfordernd, weil keiner der Beteiligten passiv sein kann. Jeder repräsentiert sich selbst und das gesamte Team.

---

[145] Thomas A. Stewart (1998, S.181)
[146] Hellen Runtagh, zitiert nach: Stewart, Thomas A. Stewart (1998, S.182)
[147] Prof. Dr. Lutz Becker (2016)

Es gibt in jedem Unternehmen Mitarbeiter, die ausschließlich angeleitet werden wollen und Vorgaben bekommen möchten. Das ist in agilen Projekten kein Nachteil. Diese Charaktere können ebenso sinnvoll für das Projekt eingesetzt werden. Voraussetzung dabei ist, dass sie dies selbst nicht als nachteilig empfinden und zu ihren Präferenzen stehen und zusätzlich bereit sind ihre Stärken einzubringen. An diesem Punkt spielt die Führung eine entscheidende Rolle, um diese Mitarbeiter bestmöglich einzusetzen und den besten Platz im Team für sie zu finden.

Führung und Mitarbeiter müssen in agilen Projekten jederzeit bereit sein zu sich, ihren Stärken, Schwächen und Vorlieben zum Arbeiten im Team zu stehen. Authentizität schafft die Basis für Vertrauen.

Agil sein wollen, aber nicht können

Viele Unternehmen bezeichnen sich als agil oder möchten gerne agil arbeiten. Es werden agile Projektteams eingesetzt, die z.B. nach der SCRUM-Methode arbeiten sollen. Führungskräfte werden geschult oder rekrutiert, um in diesen Strukturen ihre Aufgabe wahrzunehmen. Dennoch funktioniert die Umsetzung der Agilität im Arbeitsalltag nicht. Hierarchien lassen sich nicht auflösen, Manager wollen weiterhin nicht über ihre Unzulänglichkeiten sprechen und auch kein Teil der eigentlichen Aufgabe sein. Sie wollen weiterhin von außen anweisen und Ergebnisse bewerten, statt ein Teil von ihnen zu werden.

Michael Leitl beschreibt dies in einem Artikel im Harvard Business Manager mit dem Titel *„Woran agiles Management scheitern kann"*. Er führt aus, dass Teams mit der Umstellung auf agiles Management oft überfordert sind, denn mehr Freiheit bedeute auch immer offen zu sagen, wenn etwas schlecht läuft. Es würde bedeuten Kritik von Gleichgestellten und Untergebenen auszuhalten und offen damit umzugehen, wenn Ergebnisse hinter den Erwartungen zurückblieben.[148] Nicht alle Führungskräfte und Mitarbeiter stehen der agilen Methode aufgeschlossen gegenüber, da Althergebrachtes oft ein Sicherheitsbedürfnis befriedigt. Bei der Projektplanung bietet bspw. nur eine vorher erstellte minutiöse Planung ohne Alternativen die maximale Planungssicherheit. Sie ist jedoch nicht mit den agilen Prinzipien vereinbar. Ebenso sind Führungskräfte, wenn sie nach Jahren als aktiver Mitarbeiter in hierarchischen Systemen Führung übernehmen, oftmals an den Arbeitsprozessen nicht mehr beteiligt. In agilen Projekten sind die Füh-

---

[148] Vgl. Michael Leitl (2016)

rungskräfte aktiv in viele Prozesse eingebunden und auch fachlich als Ansprechpartner im Team präsent. Ihr Beitrag bleibt damit sichtbar und reduziert sich nicht nur auf reine Steuerung des Teams.

3.2 Emotional Leader: Stärken in agilen Projekten

Wie in den vorigen Kapiteln dargelegt, sind agile Projekte nicht für die klassische Top-Dow-Führung und althergebrachte hierarchische Strukturen geeignet. Die Studie der Plattform for Agile Management (PAM) mit dem Titel „*Erfolgreiche Führung in der Agilen Welt*" von 2010 bestätigt diese Erkenntnis.

Führungskräfte in agilen Projekte müssen neben einem strukturierten Einführungsprozess vor allem auf folgende Dinge Wert legen: Professionelle Selbst- und Teamführung, Offenheit, Vertrauen und Konsequenz.[149]

Agile Projekte verlangen durch das vernetzte und selbstständige Team eher Moderatoren und Coaches, die das Team und alle individuellen Fähigkeiten kennen und so alle Mitglieder zu Bestleistung befähigen und sie nicht dorthin vor sich hertreiben. *„Noch nie waren die Anforderungen an gelebte Leadership-Intelligenz so anspruchsvoll und schwer zu erfüllen wie heute."*[150]

An dieser Stelle können Emotional Leader ihre Stärken voll einbringen. Die Eigenschaften die Emotional Leader mitbringen und auszeichnen, werden in agilen Projekten ihre volle Wirkung entfalten können.[151] Im Folgenden werden von diesen Eigenschaften die vier wesentlichen Punkte herausgestellt und im darauffolgenden Kapitel in einer eigenen wissenschaftlichen Untersuchung überprüft. Die Trainings- und Beratungsagentur für Talentbegleitung und Recruitment hoeferundtausch, beschreibt es in ihrem Seminarangebot für Führungskräfte mit dem Thema: Kommunikation und Konfliktlösung in agilen Projekten: *„Agiles Projektmanagement will eine hohe Dynamik in der Kommunikation und Problemlösung. Es verlangt ein hohes Maß an emotionaler Intelligenz und sozialer Geschicklichkeit."*[152]

---

[149] Anlage 16 - Studie der PAM - Erfolgreiche Führung in der Agilen Welt (2010).pdf (S.15 u. S.23)
[150] Cynthia Ahrens, Leif Ahrens (2013, S.3)
[151] Vgl. Susanne Mierswa (2016)
[152] hoeferundtausch.com (2016)

Vermittler

Emotional Leader sind in agilen Projekten Vermittler. Durch ihre Eigenschaft, verschiedene Persönlichkeiten und Charaktere möglichst gut verstehen zu wollen, können sie zwischen diesen als Vermittler auftreten. Probleme, Meinungsverschiedenheiten und Konflikte können von einem Emotional Leader nachhaltig positiv gelöst werden.

In agilen Projekten arbeitet das Team in hohem Maß selbstständig. Wenn in diesem Umfeld verschiedene Charaktere aufeinandertreffen und es keine Top-Down-Führung mehr gibt, muss es eine Instanz geben, die alle Seiten verstehen und im Bedarfsfall zwischen ihnen vermitteln kann. Diese Rolle nimmt der Emotional Leader ein. Die Studie der Bertelsmann Stiftung zur *„Zukunftsfähigen Führung"* beschreibt dazu die Erkenntnis: *„Während Führung früher Aufgaben verteilt hat, geht es heute darum Synergien zusammen zu führen"*.[153] Projekte durchlaufen wie jede andere soziale Organisation auch gruppendynamische Prozesse.[154] Emotional Leader machen sich mit diesen vertraut und können sie bei ihrer Kommunikation berücksichtigen.

Teamcoach

Emotional Leader sind in agilen Projekten Team-Coaches. Die ständig neuen Herausforderungen, die auf das Team treffen, und die sehr kurzen Reaktionszeiten verlangen nach einem Team-Coach, der alle Mitglieder, ihre Stärken, Schwächen, Probleme, Vorlieben und Ängste kennt und sie auf dieser Basis entsprechend einsetzen kann. Der Coach entwickelt sich und sein Team kontinuierlich weiter und sorgt dafür, dass aus Fehlern alle etwas lernen können.

Der Coach trifft nötigenfalls ungeliebte Entscheidungen. Er kann diese Entscheidungen aber transparent und offen seinem Team erklären warum es in diesem Fall ein notwendiges Übel gibt. Das macht ihn authentisch und im Team respektiert.

Zuhörer

Emotional Leader sind in agilen Projekten Zuhörer. Die in Kapitel 2.1 aufgeführte Kommunikationsstärke des Emotional Leaders ist in agilen Projekten schon allein

---

[153] Anlage 20 - Bertelsmann Stiftung - Zukunftsfaehige Fuehrung (2015).pdf (S.32)
[154] Vgl. Bernd Oestereich, Christian Weiss, Oliver F. Lehmann, Uwe Vigenschow (2008, S.27)

aufgrund der hohen Kommunikationsmenge wichtig. Kommunikation in agilen Projekten ist vielfältig und extrem schnell. Durch die heute vorhandenen technischen Möglichkeiten muss der Emotional Leader sehr viel Kommunikation auf technischem Wege verfolgen. Er kann in diesem Strom der Kommunikation das Wesentliche filtern und objektiv einordnen. Dabei ist Zuhören auch in agilen Projekten eine Eigenschaft die das Team zum Erfolg führt. Das Verständnis für die Leistungen der anderen Teammitglieder ist nur dann vorhanden, wenn aktiv zugehört wird – auch in der digitalen Kommunikation. *„Erst dann können wir andere Menschen verstehen und auf sie eingehen."*[155]

Durch die Fähigkeit, Menschen gut einschätzen zu können, sind Emotional Leader diejenigen, die das Team, seine Schwächen, seine Stärken und seine Potenziale am besten kennen. Die sich schnell verändernden Anforderungen innerhalb eines Projekts erfordern regelmäßige Umstrukturierungen im Team. Wer ist der Beste für die neue Aufgabe? Durch ihre Menschenkenntnis, gepaart mit Fachkompetenz, sind Emotional Leader in der Lage ihre Teams bestmöglich in sich verändernden Situationen einzuschätzen und einzusetzen.

Inklusiv führen

Teil der inklusiven Führung ist es, dass sich Mitarbeiter als entscheidungsfähige und entscheidungswillige Teile des Systems sehen. Inklusiv bedeutet, dass Mitarbeiter aktiv an Entscheidungsprozessen beteiligt werden, die Projekte oder das Unternehmen betreffen. Jim Hemerling beschreibt in seinem TED-Vortrag *„5 ways to lead in an era of constant change"*, dass inklusive Führung bedeutet, jedem Mitarbeiter, unbedeutend in welcher Position er sich im Unternehmen befindet, an Entscheidungen teilhaben zu lassen. Hemerling beschreibt eine Situation, durch die das Basketballteam seiner Stadt San Francisco die Meisterschaft gewann. Der Co-Trainer konnte den Trainer überzeugen, eine andere Aufstellung spielen zu lassen als sonst.[156] In diesem Beispiel kombiniert Hemerling sogar mehrere wichtige Aspekte: Den Mut, die Initiative und die Überzeugung des Mitarbeiters, einen Vorschlag einzubringen. Und den Mut und den Willen der Führungskraft, diese Idee zu prüfen und sich sogar für diese zu entscheiden.

---

[155] Cynthia Ahrens, Leif Ahrens (2013, S.14)
[156] Vgl. TED Talks (2016, ab 10:27 Min.)

Emotional Leader sind in der Lage, sich als Gleicher unter Gleichen trotz ihrer Führungsposition anzusehen. Sie beziehen Mitarbeiter aktiv in den Entscheidungsprozess ein und führen sie so inklusiv. *„Eine gute Führungskraft bezieht ihr Team in die eigenen Überlegungen ein und kann somit den Prozess gemeinsam mit ihren Mitarbeitern gestalten."*[157]

Zusammenfassung

Die folgende Abbildung 16 zeigt die wesentlichen Eigenschaften von Emotional Leadern (links) und die wichtigsten Aspekte des agilen Projektmanagements (rechts). Aus der Zusammenführung entsteht Agile-Emotional Leadership, welches in der Mitte die wichtigsten Erfolgsfaktoren für die Führungsarbeit in agilen Projekten zeigt.

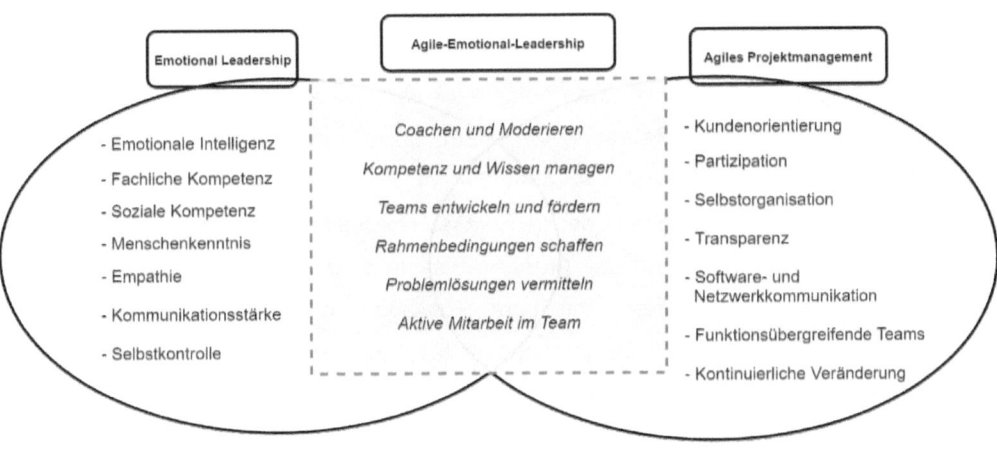

Eigene Darstellung ©Marvin Engel

Abbildung 16 – Übersicht: Agile-Emotional-Leadership

---

[157] Cynthia Ahrens, Leif Ahrens (2013, S.24)

4 Quantitative und qualitative Forschung

In diesem Kapitel wird die Forschungsthese anhand eigener Forschungsarbeit durch Erhebung von Daten untersucht.

Die Erhebung der Daten orientiert sich an den Grundlagen der empirischen Sozialforschung nach Horst Otto Mayers Werk „*Interview und schriftliche Befragung: Entwicklung, Durchführung und Auswertung*" – mit einer qualitativen und einer quantitativen Komponente: [158]

1. Umfrage mittels eines Fragebogens (online)
2. Einzelinterviews persönlich und online

Beschreibung der quantitativen Forschung (Umfrage):

Der Online-Fragebogen richtet sich an Mitarbeiter verschiedener Unternehmen. An der Umfrage haben 197 Personen teilgenommen, die in einem aktiven Arbeitsverhältnis stehen. Der Fragebogen enthält Fakt-, Wissensfragen und Einstellungsfragen,[159] die offen, halboffen oder geschlossen gestellt werden. Die Fragen zielen auf die Arbeitsrealität und das Arbeitsverhältnis zu den Vorgesetzten ab. Als Ergebnis werden quantitativ messbare Aussagen in Bezug auf Agile-Emotional-Leadership erwartet. Durch einen einleitenden Fragenblock, werden variable Merkmale der Befragten (z.B. Alter und Geschlecht) abgefragt. Faktfragen klären z.B. Themen der Arbeitsrealität. Durch Wissensfragen soll festgestellt werden, ob die Prinzipien des agilen Projektmanagements und von Emotional Leadership bekannt sind. Mit weiteren Einstellungsfragen gilt es herauszuarbeiten, ob diese Konzepte den persönlichen Anforderungen und Präferenzen der Mitarbeiter entsprechen, die sie an ihre Vorgesetzten und an ihre Arbeitsumgebung stellen.

Die Fragen werden so gestellt, dass Personen, denen beide Konzepte unbekannt sind, als Befürworter oder Gegner der Konzepte kategorisiert werden können. Ist ihnen bspw. eine hierarchische Gestaltung der Arbeit wichtiger als eigener Frei-

---

[158] Vgl. Horst Otto Mayer (2008, S.37-39 u. S.58-60).
[159] Vgl. Horst Otto Mayer (2008, S.189-193).

raum, werden sie lieber gelenkt als selbst zu steuern, dann lässt sich daraus schließen, dass sie sich in agilen Systemen nicht wohl fühlen würden.

Ebenso verhält es sich mit dem Emotional Leadership. Ist es den Befragten wichtig, dass ihr Vorgesetzter sich für ihre persönliche Situation interessiert und ihre Leistung in den Kontext ihrer Stärken und Schwächen einbettet, anstatt sie nur an Zahlen zu messen, so kann daraus geschlussfolgert werden, dass diese Personen emotionale Führung bevorzugen.

Die ausführliche Auswertung des Fragebogens wird in Kapitel 4.1.1 behandelt. Bei einigen der Fragen waren mehrere Antwortmöglichkeiten auswählbar, außerdem konnte bei einigen Fragen frei in einem Textfeld geantwortet werden. Diese Antwortmöglichkeiten werden in der Bewertung ebenfalls berücksichtigt.

Beschreibung der qualitativen Forschung (Interviews):

Die Interviews werden als eine Verbindung aus Leitfaden- und Experteninterview[160] angelegt, weil die Befragten vor allem in ihrer Funktion als Experte für bestimmte Handlungsfelder interessant sind. Die Auswahl der Themenfelder wird vordefiniert. Die sog. Experteninterview-Methode ermöglicht es durch die Möglichkeit der Nachfrage, Antworten zu vertiefen und Folgefragen der Person und der Situation anzupassen.[161] Durch dieses Verfahren kann je nach Wissensstand und Arbeitsrealität der Führungskraft herausgefunden werden, wie sie zu den Themen Emotional Leadership und Agiles Projektmanagement steht. Bei den schriftlich befragten Führungskräften wird die qualitative, schriftliche Befragung gewählt.[162]

Im Sinne der Forschungsfrage wurde bei der Vorauswahl der Interviewpartner beachtet, dass die Befragten verschiedene Wissenshintergründe aufweisen. Es wurden Personen ausgewählt, die Agiles Projektmanagement und Emotional Leadership kennen und mit ihnen ganz oder nur teilweise arbeiten. Allen Interviewpartnern werden die gleichen Eingangsfragen gestellt und im Laufe des Interviews die individuellen Positionen herausgestellt.[163] Bei den Interviewpartnern handelt es sich um Führungskräfte aus Familienunternehmen, Werbeagenturen, IT-Unternehmen und Verlagshäusern. Alle Führungskräfte haben Personalver-

---

[160] Vgl. Horst Otto Mayer (2008, S.37 ff.)
[161] Vgl. Ernst Halbmayer und Jana Salat (2011)
[162] Vgl. Ernst Halbmayer und Jana Salat (2011a)
[163] Vgl. Horst Otto Mayer (2008, S.47)

antwortung in der Größenordnung von fünf bis 50 Mitarbeitern. Vier Führungskräfte wurden persönlich befragt. Zwei Führungskräfte wurden online befragt.

Die Interviews werden ausführlich in Kapitel 4.2.1 und Kapitel 5 ausgewertet.

Beschreibung der Auswertung und Analyse:

Die inhaltliche Fokussierung der Untersuchung auf die beiden Themenbereiche Agiles Projektmanagement und Emotional Leadership ermöglicht eine Auswertung in einem vereinfachten Verfahren, z.B. mit Microsoft Excel.[164] Die Umfrageergebnisse werden systemseitig geliefert. Das System der Umfrageplattform liefert die Einzelergebnisse eines jeden Teilnehmers sowie eine Gesamtübersicht, jeweils mit Prozentangaben. Die freien Text-Anmerkungen werden manuell bewertet. Die Ergebnisse der Umfrage werden Kategorien zugeordnet und können auf diese Weise auf höherer Ebene aggregiert werden. Die Interviews hingegen werden manuell ausgewertet, kategorisiert und anschließend in eine Skala eingeordnet (siehe Abbildung 33).

Bei den Interviews ist es wichtig, teilweise durch Nachfrage, das *„Überindividuell-Gemeinsame herauszuarbeiten"*[165], um die Ergebnisse entsprechend der Forschungsfrage zu untersuchen und zu kategorisieren. Anhand der so ermittelten Ergebnisse, folgt eine ausführliche Analyse in Kapitel 5. Diese Analyse bestätigt oder widerlegt die These dieser Arbeit, dass Agiles Projektmanagement und Emotional Leadership zu einer effektiveren Führung (Agile-Emotional-Leadership) zusammengeführt werden können und bessere Umstände für die Mitarbeiter, eine produktivere Arbeitsumgebung und damit einhergehend bessere Arbeitsergebnisse hervorbringen.

---

[164] Vgl. Horst Otto Mayer (2008, S. 107 u. S. 154)
[165] Horst Otto Mayer (2008, S. 47)

4.1 Durchführung der quantitativen Forschung der Thesis: Umfrage unter Mitarbeitern

Die Umfrage wurde im Zeitraum von Oktober 2016 bis Februar 2017 durchgeführt. Es nahmen insgesamt 197 Personen im Alter von 18 bis 49 Jahren daran teil. Zur Realisierung und Analyse der Umfrage wurde die kostenpflichtige Online-Plattform surveymonkey.com[166] genutzt. Die Arbeitgeber der Befragten wurden so ausgewählt, dass gewährleistet ist, dass in einigen von ihnen agil gearbeitet wird und in anderen nicht. Durch diese Mischung wurde sichergestellt, dass Mitarbeiter mit verschiedenen Arbeitsumgebungen und Voraussetzungen an der Umfrage teilnahmen. Die Struktur der Umfrage ist in Abbildung 17 zu sehen. Es gibt drei Fragenblöcke mit jeweils thematischen Schwerpunkten.

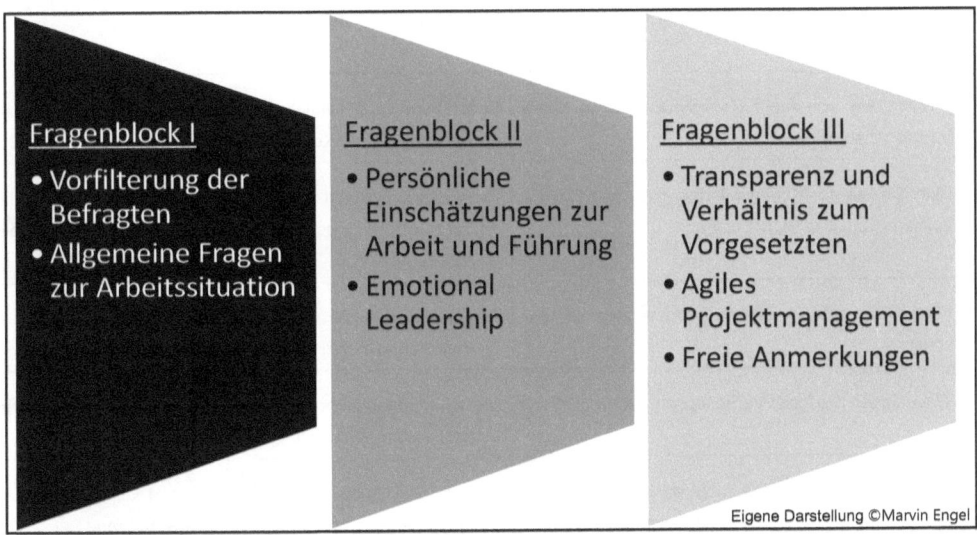

Abbildung 17 – Übersicht der Fragenblöcke der Umfrage unter Mitarbeitern

In Tabelle 1 sind die einzelnen Fragen des Fragebogens aufgeführt. Die Intention zu jeder Frage (zweite Spalte) erläutert, in welchem Kontext die Frage der Auswertung zugeordnet ist. Im anschließenden Kapitel folgt die vollständige Auswertung der erhobenen Daten. Eine vertiefende Übersicht mit Details und Einzelauswertungen[167,168] der Befragten befindet sich im Anhang dieser Arbeit.

---

[166] surveymonkey.de (2016)
[167] Anlage 23 – Mitarbeiterumfrage Detailauswertung.pdf
[168] Anlage 32 - Mitarbeiterumfrage Einzelauswertung.xls

#	Frage im Wortlaut	Intention der Frage (für die spätere Auswertung)
1	Wie alt sind Sie?	Einordnung/Vorfilterung
2	Sind Sie männlich oder weiblich?	Einordnung/Vorfilterung
3	In welcher Frequenz führen Sie Gespräche mit Ihrem Vorgesetzten?	Einordnung/Vorfilterung
4	Anlass für Gespräche zwischen Ihnen und Ihrem Vorgesetzten sind meist...	Einordnung/Vorfilterung
5	Über welche Themen würden Sie gern häufiger mit Ihrem Vorgesetzten sprechen?	Bedürfnisfrage: Themenbereiche definieren und priorisieren.
6	Würden Sie sich grundsätzlich eine andere Art und Weise der Kommunikation mit Ihrem Vorgesetzten wünschen?	Bedürfnisfrage: Erkennen des Kommunikationsbedürfnisses hinsichtlich Form und Inhalt
7	Würden Sie sich mehr Kommunikation mit Ihrem Vorgesetzten wünschen?	Bedürfnisfrage: Erkennen der Wichtigkeit und dem Wunsch nach Häufigkeit der Kommunikation.
8	Sind Sie mit der Kommunikation mit Ihrem Vorgesetzten (zufrieden vs. unzufrieden)	Persönliche Einschätzung des Befragten zur seiner aktuellen Arbeitssituation, Einschätzung anhand einer Skala für feingliederiges Ergebnis
9	Fühlen Sie sich von Ihrem Vorgesetzten wertgeschätzt?	Persönliche Einschätzung zum Verhältnis zum Vorgesetzten. Wertschätzung hier als Teil von Emotional Leadership.
10	Wie nehmen Sie Ihren Vorgesetzten wahr?	Die vorangegangenen Beziehungsfragen (Mitarbeiter/ Vorgesetzter) prüfen. Wahrnehmung verdichten.
11	Empfinden Sie Wertschätzung als Person und für sich und Ihre Arbeit durch Ihren Vorgesetzten?	Erneute Befragung zur Wertschätzung. Dieses Mal spezifischer auf die Arbeitsinhalte. Kontrollfrage zu Frage 9.
12	Ist Ihrem Vorgesetzten Ihre persönliche Entwicklung wichtig?	Abgleich mit der Frage 10 – wenn „Coach" gewählt wurde, sollte hier mit „ja" geantwortet werden.
13	Sind Sie mit der Zusammenarbeit mit Ihrem Vorgesetzten (Zufrieden vs. Unzufrieden)	Abgleich mit der späteren Frage 20 – Agiles Projektmanagement.
14	Kennen Sie das Konzept von Emotional Leadership?	Befragte, die das Konzept kennen, antworten voraussichtlich im späteren Block anders als Unwissende.
15	Was ist Ihnen bei einem guten Vorgesetzten wichtiger? (Charakterliche Eignung vs. Fachkompetenz)	Haupteigenschaft von Emotional Leadership, im Verhältnis zur fachlichen Kompetenz

16	Sorgt Ihr Vorgesetzter für Transparenz?	Einschätzung/ Bewertung der Informationssteuerung durch den Vorgesetzten.
17	Würden Sie erwarten, dass Ihr Vorgesetzter sich auch für Ihre persönliche Situation interessiert?	Frage zu Emotional Leadership – wobei es hier auch bei Kennern des Konzeptes unterschiedliche Antworten geben kann. Beurteilen der Erwartungen hinsichtlich persönlicher Belange. Mögl. Grenzziehung.
18	Wenn Sie ein Problem mit einem Kollegen/einer Kollegin haben...	Wahlmöglichkeiten vorgegeben, Priorisieren der „Anlaufstelle" bei Problemen, Prüfen ob Vorgesetzter auch Moderator ist.
19	Was macht für Sie einen guten Vorgesetzten aus?	Offene Fragestellung, um von den Befragten wesentliche Aspekte zu filtern die in anderen Fragen nicht bedacht wurden.
20	Kennen Sie das Konzept "Agiles Projektmanagement"?	Gruppenzuordnung/Einordnung der Befragten
21	Was halten Sie von klassischen Arbeitszeiten (z.B. 09 - 18 Uhr)	Abfragen der Flexibilität der Befragten, Meinungsfrage/Positionierung/Tendenz bzgl. Arbeitssysteme.
22	In einem Team sollte jeder einen klar definierten Aufgaben-/Verantwortungsbereich haben?	Positionierung zu Teamstruktur und dadurch zum agilen Projektmanagement
23	Informationen sind bei Ihnen im Team gleichermaßen zugänglich für alle	Bewertung / Einschätzung zur Informationsteilung bzw. Transparenz im gesamten Arbeitsumfeld
24	Wie wird in Ihrem Arbeitsumfeld die Kommunikation überwiegend geführt?	Priorisierung der Mediennutzung zur Einordnung in klassische oder moderne Arbeitsweise
25	Werden bei Ihnen Probleme im Arbeitsprozess oder Fehler sachlich und transparent für alle angesprochen?	Bezug zu aktuellem Arbeitsverhältnis: Wenn agile Strukturen und Emotional Leadership vorhanden, sollte diese Frage mit „ja" beantwortet werden
26	Sind Entscheidungen für alle nachvollziehbar und werden nach klaren Regeln getroffen?	Bezug zu aktuellem Arbeitsverhältnis: Wenn agile Strukturen vorhanden, sollte diese Frage mit „ja" beantwortet werden.
27	Sie fühlen sich wohler wenn...	Offene Frage zur Einschätzung der persönlichen Erwartung an das Arbeitsumfeld / Arbeitsorganisation
28	Wie sollte Ihrer Meinung nach Teamarbeit organisiert sein?	Versetzt den Befragten in die Rolle des Vorgesetzten. Wie würde er/sie agieren?
29	Was würden Sie sich für Ihre Arbeit wünschen?	Offene Frage, um noch nicht bekannte Aspekte zu finden und neue Cluster/ Kategorien zu entdecken.

Tabelle 1 – Auflistung der Fragen der Mitarbeiterumfrage

4.1.1 Auswertung der Umfrage unter Mitarbeitern

1. Frage: Wie alt sind Sie?
2. Frage: Sind sie männlich oder weiblich?

Die Teilnehmer der Befragung sind hauptsächlich Angestellte im Lebensalter von 18 bis 29 Jahre. Jeweils unter 10 Prozent Anteil haben Personen der Altersgruppen 30 bis 39 Jahre bzw. 40 bis 49 Jahre. 40 Prozent der Teilnehmer sind männlich, 60 Prozent weiblich.

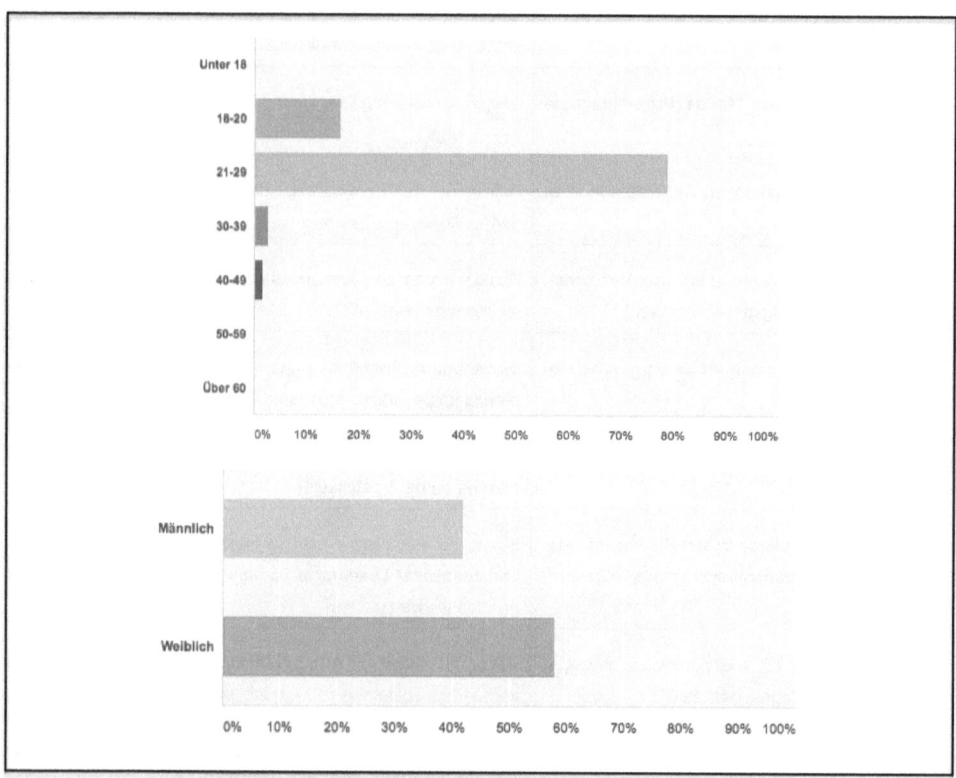

Abbildung 18 – Ergebnisse Umfrage: Frage 1 und 2

Frage 3: In welcher Frequenz führen Sie Gespräche mit Ihrem Vorgesetzten?
Frage 4: Anlass für Gespräche zwischen Ihnen und Ihrem Vorgesetzten sind meist...

Bei der Frage nach Häufigkeit der Gespräche zwischen Mitarbeitern und Vorgesetzten zeigt sich, dass 24 Prozent der Gespräche einem festen Fahrplan folgen. Bei 75 Prozent finden die Gespräche situativ statt, bei über 42 Prozent eher sporadisch. Bei den Anlässen überwiegen Smalltalk und spontane Ansprachen, oder neue Arbeitsaufträge, die zugeteilt werden. Feedback oder Gespräche über Leistung werden mit weniger als 50 Prozent als Gesprächsgrund angegeben.

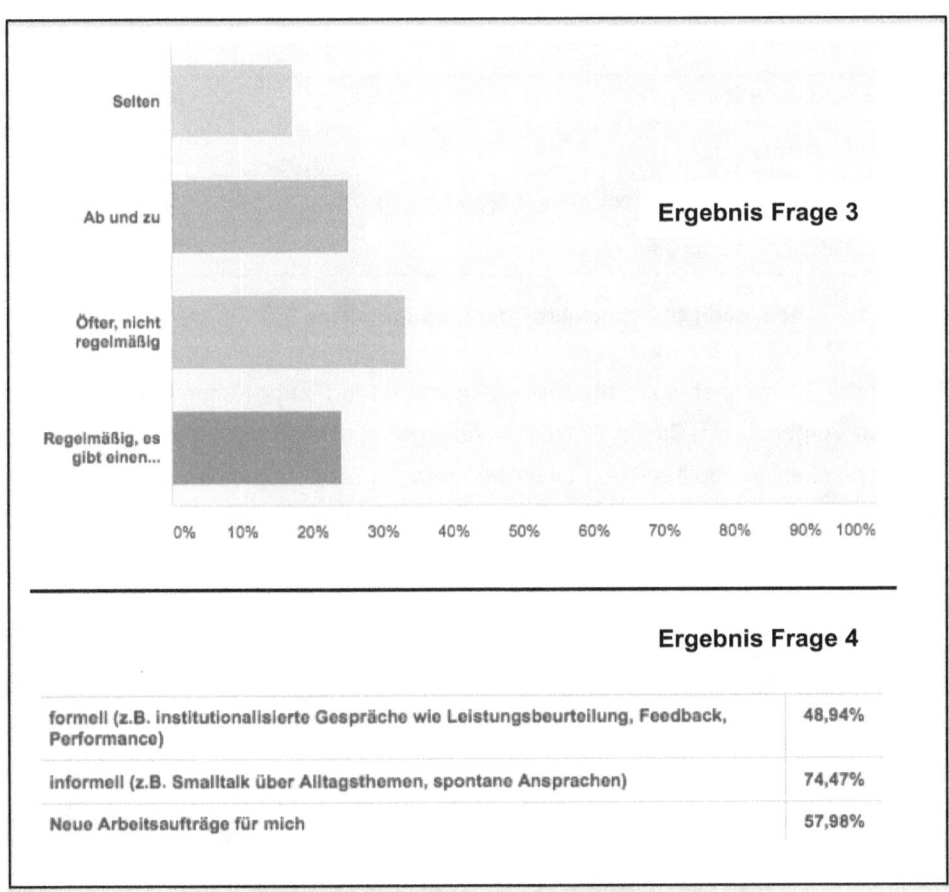

Abbildung 19 – Ergebnisse der Umfrage: Frage 3 und 4

Quantitative und qualitative Forschung

Frage 5: Über welche Themen würden Sie gerne mehr sprechen?

Frage 6: Würden Sie sich grundsätzlich eine andere Art und Weise der Kommunikation mit Ihrem Vorgesetzten wünschen?

Frage 7: Würden Sie sich mehr Kommunikation mit Ihrem Vorgesetzten wünschen?

Bei den Wünschen der Mitarbeiter zu den Gesprächsinhalten sind die Themen „*Gesamtsituation in der Firma oder Abteilung*" und „*Beurteilung meiner Arbeit*" mit knapp 56 Prozent am stärksten vertreten. Etwa 2 Prozent der Befragten legen Wert darauf über ihre persönlichen Probleme zu sprechen. Mit der Art und Weise der Kommunikation mit ihrem Vorgesetzten sind knapp 80 Prozent zufrieden und wünschen sich hier keine grundlegende Änderung.

Arbeitsinhalte / Arbeitsabläufe	44,13%
Persönliche Probleme	1,68%
Beurteilung/Bewertung meiner Arbeit	56,42%
Gesamtsituation in der Firma oder Abteilung	56,42%

Abbildung 20 – Ergebnisse der Umfrage: Frage 5

63 Prozent der Teilnehmer wünschen bei konkretem Bedarf mehr Kommunikation mit ihrem Vorgesetzten. Ca. 21 Prozent würden gerne häufiger mit ihrem Vorgesetzten sprechen, knapp 19 Prozent weniger. Weniger als 8 Prozent gaben an, sie würden es gut finden, wenn der Vorgesetzte überhaupt für sie erreichbar wäre.

Ja, vor allem regelmäßiger (z.B. mindestens 1x pro Tag oder 1-2x die Woche)	21,02%
Nein, lieber nicht so häufig	19,32%
Ja, wenn ich eine konkrete Hilfestellung benötige	62,50%
Wäre schön, wenn er überhaupt öfter erreichbar wäre	7,95%

Abbildung 21 – Ergebnisse der Umfrage: Frage 7

Frage 9: Fühlen Sie sich von Ihrem Vorgesetzten wertgeschätzt?
Frage 10: Wie nehmen Sie Ihren Vorgesetzten wahr?

Wenig bis gar keine Wertschätzung durch ihren Vorgesetzten erleben 30 Prozent der Befragten. 70 Prozent sehen ihre Arbeit anerkannt und gewürdigt. Die Antworten zeigen, dass Vorgesetzte mehr als 50 Prozent als fachliche Berater und von über 33 Prozent der Befragten als Kontrolleur wahrgenommen werden. Als Moderator oder Coach werden Vorgesetzte von etwa einem Drittel der Befragten wahrgenommen.

Als Kontrolleur	33,53%
Als fachlichen Berater	52,35%
Als Moderator	30,59%
Als Coach	38,82%

Abbildung 22 – Ergebnisse der Umfrage: Frage 10

Frage 11: Empfinden Sie Wertschätzung als Person und für sich und für Ihre Arbeit durch Ihren Vorgesetzten?
Frage: 12: Ist Ihrem Vorgesetzten Ihre persönliche Entwicklung wichtig?
Frage 13: Wie zufrieden sind Sie mit der Zusammenarbeit mit Ihrem Vorgesetzten?

Fast 31 Prozent empfinden für ihre Arbeitsleistung nur bei besonderen Erfolgen Wertschätzung seitens ihres Vorgesetzten. 60 Prozent sind der Meinung, dass ihr Vorgesetzter sie und ihre Arbeit wertschätzt bzw. ihnen dieses Gefühl vermitteln kann. 70 Prozent sind der Meinung, dass ihre persönliche Entwicklung ihrem Vorgesetzten wichtig ist. In der Summe sind alle Befragten nur mittelmäßig mit der Zusammenarbeit mit ihrem Vorgesetzten zufrieden. Der Wert aller Befragten liegt bei knapp über 50 Punkten (0 Punkte =unzufrieden 100 Punkte =voll zufrieden).

Bisher leider nicht	9,25%
Sehr selten, nur bei besonderen Erfolgen	30,64%
Ja, dieses Gefühl gibt mir mein Vorgesetzter	60,12%

Abbildung 23 – Ergebnisse der Umfrage: Frage 11

Quantitative und qualitative Forschung

Frage 14: Kennen Sie das Konzept von Emotional Leadership?
Frage 15: Was ist Ihnen bei einem guten Vorgesetzten wichtiger?
Frage 16: Sorgt ihr Vorgesetzter für Transparenz?

40 Prozent der Befragten kennen das Konzept von Emotional Leadership. Knapp über 30 Prozent haben es schon einmal gehört, können es jedoch nicht genau definieren. Und 29 Prozent der Befragten haben Emotional Leadership noch nie gehört.

Ja	40,00%
Nein	28,82%
Schon mal gehört, kann ich nicht genau definieren	31,18%

Abbildung 24 – Ergebnisse der Umfrage: Frage 14

Bei der Frage was bei einem guten Vorgesetzten wichtiger ist, konnten die Befragten einen Regler (Start mit Wert = 50) zwischen Charakterlicher Eignung (0) und Fachlicher Kompetenz (100) schieben. Das Ergebnis ist ausgeglichen mit einer leichten Tendenz zur charakterlichen Eignung (48).
Bei knapp 70 Prozent der Befragten sorgt der Vorgesetzte aktiv für Transparenz im Team, bei mehr als 30 Prozent ist dies nicht der Fall.

Frage 17: Würden Sie erwarten, dass Ihr Vorgesetzter sich auch für Ihre persönliche Situation interessiert?
Frage 18: Wenn Sie ein Problem mit einem Kollegen/einer Kollegin haben...

80 Prozent der Befragten haben die Erwartung, dass sich der Vorgesetzte auch für die jeweilige persönliche Situation des Angestellten interessieren sollte. Die genaue Gegenposition, dass der Vorgesetzte möglichst gar Nichts über die persönliche Situation wissen sollte, nehmen knapp 20 Prozent der Befragten ein.

Möchten Sie mit Ihrem Vorgesetzten darüber sprechen können	63,86%
Sprechen Sie lieber nur im privaten Umfeld darüber	36,14%

Abbildung 25 – Ergebnisse der Umfrage: Frage 18

Wenn die Befragten ein Problem mit einem anderen Mitarbeiter haben, möchten knapp 64 Prozent mit ihrem Vorgesetzten über dieses Problem sprechen können. 36 Prozent würden diese Probleme lieber nur im privaten Umfeld thematisieren und sich dort Rat holen.

Frage 19: Was macht für Sie einen guten Vorgesetzten aus?

Bei der offenen Frage nach den Eigenschaften eines guten Vorgesetzten lassen sich bestimmte Charakterisierungen häufiger finden. In den schriftlichen Antworten werden vor allem die Begriffe „*Respekt*", „*Vorbild*", „*Qualität*" und „*Kompetenz*", „*Mentor*", „*Interesse*" und „*Ehrlichkeit*" genannt.

Frage 20: Kennen und arbeiten Sie mit dem Konzept des "Agilen Projektmanagements"?

Über 17 Prozent der Befragten kennen das Konzept des Agilen Projektmanagements und haben auch bereits damit gearbeitet. Knapp 20 Prozent kennen den Begriff, können ihn aber nicht genau zuordnen. Die Mehrheit von etwa 63 Prozent hat den Begriff noch nie gehört und arbeitet mit keiner agilen Methode.

Ja	17,31%
Nein	62,82%
Habe ich schon mal gehört, weiß aber nicht genau was das ist	19,87%

Abbildung 26 – Ergebnisse der Umfrage: Frage 20

Frage 21: Was halten Sie von klassischen Arbeitszeiten (z.B. 9 - 18 Uhr)?

Die Mehrheit (über 55 Prozent) ist der Meinung, dass feste Arbeitszeiten nicht zwingend notwendig sind, solange man seine Arbeit pünktlich erledigt. Kumuliert rund 5 Prozent finden feste Arbeitszeiten sinnvoll bzw. unabdingbar für ihre Aufgabe. Knapp über 26 Prozent sehen feste Arbeitszeiten in bestimmten Bereichen als veraltet an.

sinnvoll bei der Strukturierung des Arbeitsalltags	12,82%
unabdingbar, zumindest bei meiner Aufgabe	5,13%
nicht zwingend notwendig, solange man seine Arbeit pünktlich erledigt	55,77%
für veraltet in bestimmten Bereichen	26,28%

Abbildung 27 – Ergebnisse der Umfrage: Frage 21

Frage 22: In einem Team sollte jeder einen klar definierten Aufgaben und Verantwortungsbereich haben?
Frage 23: Informationen sind bei Ihnen im Team gleichermaßen zugänglich für alle?

79% sind der Meinung, dass man im Team eine feste Aufgabe haben, auf diese jedoch nicht festgenagelt sein sollte. Weitere knapp 10 Prozent sprechen sich für mehr Flexibilität und häufigere Job-Rotation (interne Job-Wechsel) aus.

Ja	9,62%
Ja, aber man sollte nicht auf eine Aufgabe "festgenagelt" sein	79,49%
Weiß nicht...	1,92%
Nein, ich bin für mehr Flexibilität und häufigere Job-Rotation	8,97%

Abbildung 28 – Ergebnisse der Umfrage: Frage 22

Bei der Frage, ob in der aktuellen Arbeitssituation alle Informationen für alle Teammitglieder gleichermaßen zugänglich sind, antworteten 65 Prozent mit ja und 35 Prozent mit nein.

Frage 24: Wie wird in Ihrem Arbeitsumfeld die Kommunikation überwiegend geführt? (Mehrfachnennungen möglich)

Bei der Frage nach der Kommunikationsmethode im Unternehmen, antworteten über 80 Prozent, dass die Kommunikation in Meetings und persönlichen Gesprächen stattfindet, knapp 74 Prozent kommunizieren überwiegend per Mail. Knapp 41 Prozent der befragten Mitarbeiter telefonieren überwiegend miteinander. Kollaborationssoftware wie Skype und Instant Messaging, liegen mit knapp über 20 Prozent noch vor den eigens entwickelten Tools, die lediglich 6 Prozent der Befragten nutzen.

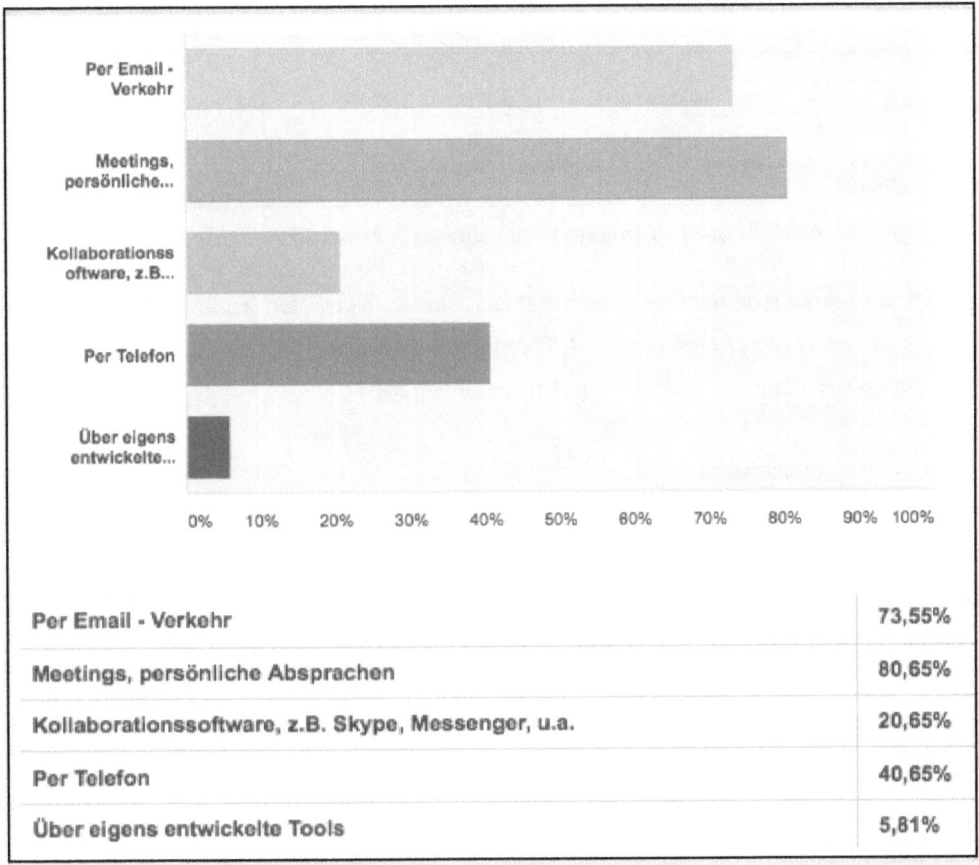

Per Email - Verkehr	73,55%
Meetings, persönliche Absprachen	80,65%
Kollaborationssoftware, z.B. Skype, Messenger, u.a.	20,65%
Per Telefon	40,65%
Über eigens entwickelte Tools	5,81%

Abbildung 29 – Ergebnisse der Umfrage: Frage 24

Frage 25: Werden bei Ihnen Probleme im Arbeitsprozess oder Fehler sachlich und transparent für alle angesprochen?

Frage 26: Sind Entscheidungen für alle nachvollziehbar und werden nach klaren Regeln getroffen?

Bei 65 Prozent der Befragten werden Probleme im Arbeitsprozess vom Vorgesetzten transparent gemacht, bei 35 Prozent ist dies nicht der Fall.

Die Frage, ob Entscheidungen nachvollziehbar und anhand von Regeln getroffen werden, bejahten 55 Prozent der Befragten, während exakt 26 Prozent mit nein antworteten. Genau 16 Prozent sagten, dass neue Vorgaben oftmals nicht nachvollziehbar sind.

ja,	55,33%
nein	26,00%
neue Prämissen oder Vorgaben kommen vom Vorgesetzten, oftmals nicht nachvollziehbar	16,00%

Abbildung 30 – Ergebnisse der Umfrage: Frage 26

Frage 27: (Die Arbeitsumgebung betreffend) Sie fühlen sich wohler, wenn...?
Frage 28: Wie sollte Ihrer Meinung nach Teamarbeit organisiert sein?
Frage 29: Was würden Sie sich für Ihre Arbeit wünschen?

Bei der offen gestellten Frage 27, konnten die Befragten einen Satz komplettieren. *„Sie fühlen sich wohler wenn..."* Hier lassen sich erneut einige Häufungen erkennen. Vor allem die Worte *„Nachvollziehbarkeit"*, *„Sinn bzw. Sinnhaftigkeit"*, *„Teamarbeit"*, *„Feedback"* und *„Flexibilität"* werden überdurchschnittlich oft in den Antworten genannt. Bei der vorletzten Frage wurden die Teilnehmer nach ihrer Meinung zur Organisation der Teamarbeit befragt. Häufungen zeigen sich hier vor allem bei den Stichworten *„Mitbestimmung"*, *„Professionalität"* und *„Meinungsfreiheit"*.

mehr Eigenverantwortung, mehr Entscheidungfreiheit	41,55%
erkennen zu können welchen Arbeitsbeitrag ich mit meiner Arbeit für das Gesamtergebnis liefere	42,96%
schneller/besser über Veränderungen informiert zu werden	45,77%
notwendige Veränderungen, die ich erkenne, schneller umsetzen zu können	47,18%

Abbildung 31 – Ergebnisse der Umfrage: Frage 29

Bei der letzten Frage (*"Was würden Sie sich für Ihre Arbeit wünschen?"*), gibt es die Auswahl, zwischen vorgegebenen Antwortmöglichkeiten und der Möglichkeit, zusätzlich einen freien Satz anzufügen. Die verfügbaren Antwortmöglichkeiten wurden sehr ausgeglichen ausgewählt. Viele Teilnehmer nutzten aber auch die Möglichkeit, alle vorgegebenen Antwortmöglichkeiten anstatt nur einzelne Antwortfelder auszuwählen. *„Strukturiertes Arbeiten"* und *„weniger Zeitdruck"*, sowie *„vernünftigere Arbeitstools"*, wurden im freien Kommentarfeld häufig genannt.

In der folgenden Abbildung 32 sind vier Diagramme dargestellt, die den Kategorien der Auswertung entsprechen.[169] Abgebildet werden die Themenblöcke *„Wahrnehmung des Vorgesetzten"*, *„Kommunikation im Team"*, *„Agilität bei der Arbeit"* und *„Empfundenes Emotional Leadership vom Vorgesetzten"*. Die Fragen, bei denen eine freie Antwort möglich war, sind in Abbildung 32 nicht erfasst. Die Skala der Spinnendiagramme ist in Prozent abgebildet und beginnt innen bei 0 Prozent, wobei 100 Prozent der höchste zu erreichende Wert ist.

---

[169] Anlage 33 - Modelle Datenauswertung Umfrage.xlsx

Quantitative und qualitative Forschung

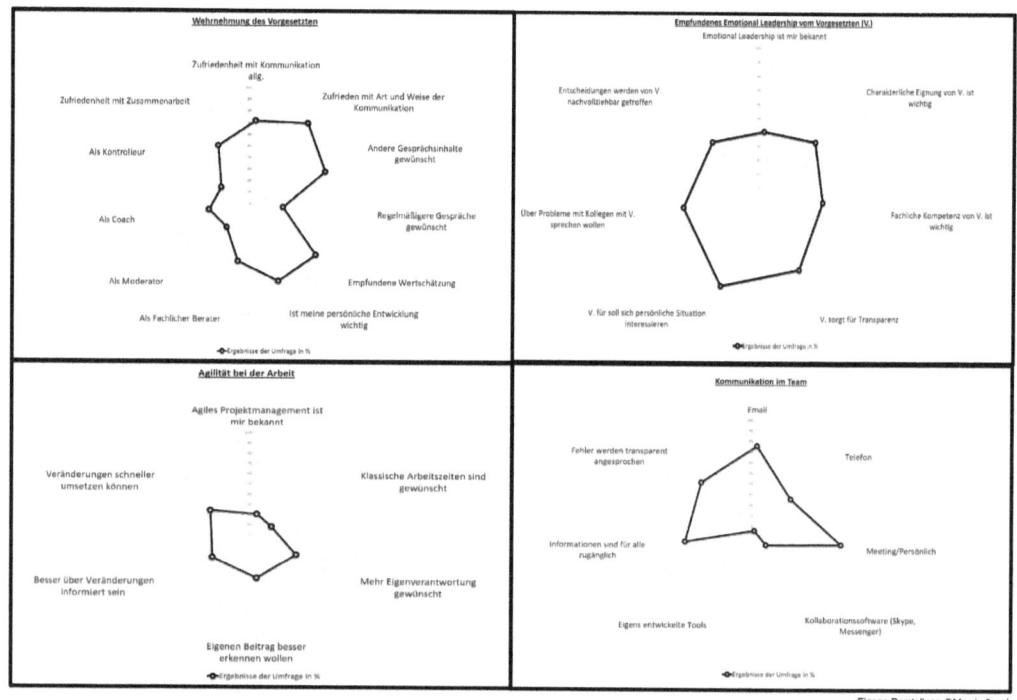

Abbildung 32 - Zusammenfassung Umfrage unter 197 Mitarbeitern

4.2 Durchführung der qualitativen Forschung der Thesis: Interviews mit Führungskräften

In diesem qualitativen Forschungsteil der Masterthesis werden Führungskräfte mittels eines Interviewleitfadens befragt. Für den Untersuchungszweck war es möglich, sowohl Personen zu befragen, denen die Prinzipien von Emotional Leadership und agilem Projektmanagement wenig bis gar nicht bekannt sind und solche, denen sie bekannt sind und die zudem über praktische Anwendungserfahrungen mit agilem Projektmanagement (z.B. mit SCRUM) verfügen. Die Auswahl des Personenkreises folgte diesen Prämissen.

Die Interviews sollen Aufschluss darüber geben, ob und in welcher Tiefe die Prinzipien von Emotional Leadership und agilem Projektmanagement bekannt sind und angewandt werden. Besonders wichtig war es herauszufinden, ob ein Zusammenhang zwischen Emotional Leadership und agilem Projektmanagement für die Befragten besteht und wie sie diese Kombination bewerten. Da die Kombination beider Prinzipien den Neuheitswert dieser Arbeit ausmacht, wurde durch gezieltes Nachfragen offengelegt, ob die Führungskräfte die Kombination als sinnvoll erachten.

Die Führungskräfte sind in der Beantwortung der Fragen des Interviewleitfadens frei und bekommen keine Antwortmöglichkeiten vorgegeben. Sie wissen ebenfalls nicht, wie andere Führungskräfte vor ihnen geantwortet haben oder wie die Ergebnisse der Umfrage aussehen.

Interviewpartner (Alter)	Position und Unternehmen	Art
Holger Rehm (33)	Teamleiter Redaktion SPONSORs Verlag	Persönlich
Jonas Gerlinger (32)	Geschäftsführer Instant Data GmbH	Persönlich
Tobias Gurski (33)	Geschäftsführer Instant Data GmbH	Persönlich
Sylvia Rehm (35)	Gesellschafterin, Leitung Marketing, Stoll Gruppe GmbH	Persönlich
Marcus Weismantel (33)	Teamleiter Produktmarketing, medi GmbH & Co. KG	Per E-Mail
Julia Meyer (34)	Director Hamburg Office, Uniplan GmbH & Co. KG	Per E-Mail

Tabelle 2 – Auflistung der Interviewpartner

4.2.1 Auswertung der Interviews mit Führungskräften

Es wurden insgesamt sechs Interviews durchgeführt, davon vier persönlich und zwei online per E-Mail-Austausch. Keines der Interviews wurde vorzeitig abgebrochen. Es wurden vier männliche und zwei weibliche Führungskräfte befragt. Tabelle 3 zeigt grob den Kenntnisstand zu den Themen Emotional Leadership (EL) und agilem Projektmanagement (AP) – ohne dabei Namen zu nennen, wie es vom Forschungsansatz her beabsichtigt ist.

Legende: Ja ▓ Nein ☐

# Person	Kennt EL	Nutzt EL	Kennt AP	Nutzt AP
Person 1	Ja	Ja	Nein	Nein
Person 2	Ja	Ja	Nein	Nein
Person 3	Ja	Ja	Ja	Ja
Person 4	Nein	Nein	Ja	Ja
Person 5	Ja	Ja	Ja	Ja
Person 6	Ja	Ja	Ja	Nein

Eigene Darstellung ©Marvin Engel

Tabelle 3 – Auswertung Führungskräfte (AP und EL)

Den folgenden grafischen Darstellungen liegt das Bewertungsschema in Abbildung 33 zugrunde. Die Antworten werden den nachfolgend aufgeführten Kategorien zugeordnet: *„Agiles Projektmanagement im Unternehmen"*, *„Kommunikation als Führungskraft"*, *„Selbstwahrnehmung der Führungsrolle"* und *„Emotional Leadership, Selbstführung und AEL"*. Innerhalb dieser Kategorien sind Unterpunkte in den Abbildungen dargestellt, die je nach Führungskraft und Antwort verschieden stark ausgeprägt sind.

Bewertungsschema			
Ausprägung	100	Deutlich zustimmend, befürwortend, klares JA	
	0	Deutlich verneinend, keine Zustimmung, Anderer Meinung	
	10 --- 90	Festlegung der Ausprägung entsprechend Beantwortung	
		<50	teilweise vorhanden, bekannt, ausgeprägt in Ansätzen
		>50	überwiegend vorhanden, gut bekannt, sichtbar ausgeprägt
		60----80	deutlich vorhanden, sehr gut bekannt, deutlich sichtbar ausgeprägt
	Kein Punkt = keine Angabe		

Eigene Darstellung ©Marvin Engel

Abbildung 33 - Bewertungsschema Auswertung Interviews

Die Abbildungen 34, 35 und 36 zeigen die Führungskräfte (in den Abbildungen *„FK"* genannt) und ihre Antworten zu den erstellten Kategorien. Die Abbildungen zeigen nur Antworten, bei denen eine Vergleichbarkeit darstellbar ist. In Kapitel 5 werden die Erkenntnisse aus den Interviews weitergehend analysiert und bewertet. Dabei werden zum Teil Einzelantworten ausgewertet, die in den Abbildungen 34, 35 und 36 nicht aufgenommen werden können.

Agiles Projektmanagement im Unternehmen

Abbildung 34 zeigt das Ergebnis der Fragen zum agilen Projektmanagement. Obwohl die Frage nach vorhandener Agilität im Unternehmen von allen Interviewpartnern zustimmend beantwortet wurde, gab es bei der Frage nach der Nutzung von spezifischen agilen Methoden wesentliche Unterschiede. SCRUM wird in drei Unternehmen angewandt. Trotz der Überzeugung, dass das eigene Unternehmen agil ist, wird in einem Fall gar keine Methode des agilen Projektmanagements angewandt, sondern klassisch (Top-Down führend) gearbeitet. Agilität bezog sich bei dieser Führungskraft auf die wahrgenommene Flexibilität des Unternehmens auf bestimmte Marktbedingungen zu reagieren. Julia Meyer sagte im Interview dazu: *„Projekte sind heutzutage kaum mehr planbar, die Kundenansprüche nahezu niemals zu Beginn definierbar und man muss extrem flexibel reagieren."*[170] Alle Führungskräfte sind der Meinung, dass das Agile Projektmanagement wesentliche Vorteile gegenüber klassischen Projektmethoden hat. Außerdem sehen alle Führungskräfte in Hierarchie trotz Agilität bestimmte Vorteile. Einige bewerten diese Vorteile jedoch weniger stark als andere.

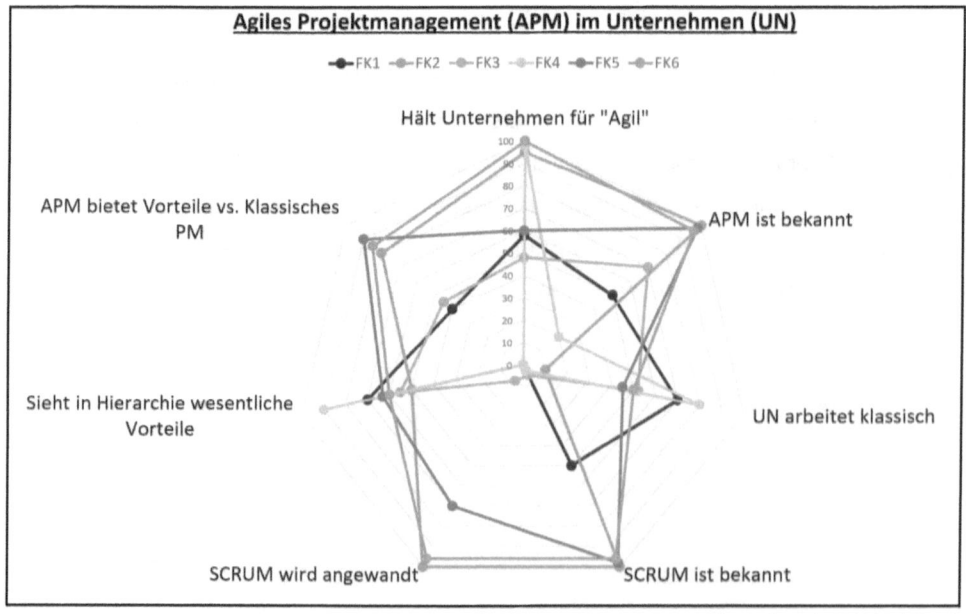

Abbildung 34 – Auswertung Interviews: Agiles Projektmanagement im Unternehmen

---

[170] Anlage: Ordner „Interviews" - 03 Interview-Julia-Meyer-Uniplan-Hamburg.docx (Frage 3)

Kommunikation als Führungskraft

Abbildung 35 zeigt die Antworten zum Themenblock der Kommunikation als Führungskraft. Die Kommunikation folgt bei den Befragten bestimmten Regeln und Grundsätzen. Diejenigen Führungskräfte, die in der Abbildung 35 ein höheres Ergebnis erzielt haben, haben klare Konzepte wann und wie sie mit ihren Mitarbeitern sprechen (z.B. feste Meetings, Feedbackzeiten etc.). Bei anderen Führungskräften wurden geringere Werte eingetragen, was bedeutet, dass die Grundsätze eher moralisch ausgerichtet sind (immer erreichbar, offene Tür-Politik etc.). Eine der befragten Führungskräfte würde gerne häufiger mit ihren Mitarbeitern sprechen, während die anderen fünf der Meinung sind, dass sie ausreichend oft mit den Mitarbeitern sprechen.

Drei Führungskräfte sind davon überzeugt, dass sie ihre Mitarbeiter gut einschätzen können, die anderen drei sind nicht uneingeschränkt davon überzeugt. Software wie Messenger, Skype etc. nutzen im Unternehmen ebenfalls vier der Führungskräfte, während sich die anderen beiden dazu nicht äußerten.

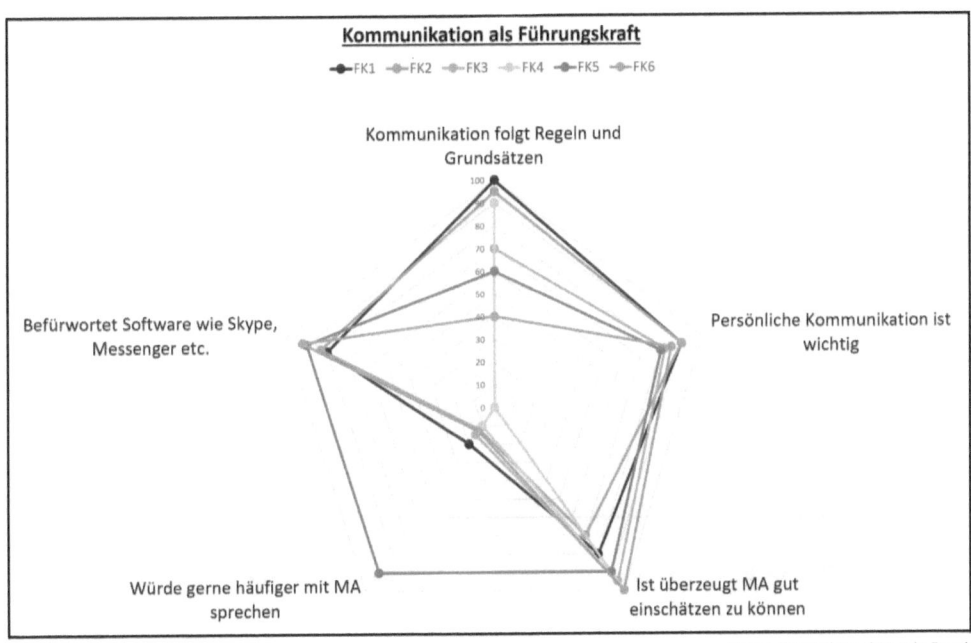

Abbildung 35 – Auswertung Interviews: Kommunikation als Führungskraft

Selbstwahrnehmung der Führungsrolle

Abbildung 36 zeigt die Selbstwahrnehmung der Führungskräfte, bezogen auf ihre Rollen innerhalb des Teams. Vier Interviewte gaben an, sich eher als „Coach" zu sehen. Alle gaben an als „Vorbild" zu agieren. Drei sehen sich zudem als „Berater". Es wurden in allen Fällen mehrere Rollen genannt. Keine Führungskraft sieht sich als „Freund" seiner Mitarbeiter. Diejenigen Führungskräfte, die in agilen Projekten arbeiten, sahen sich übereinstimmend gleichzeitig als „Vorbild", „Coach" und „Berater". Drei Führungskräfte sagten zudem, dass sie sich ebenfalls in der Rolle des „Vorgesetzten" sehen.

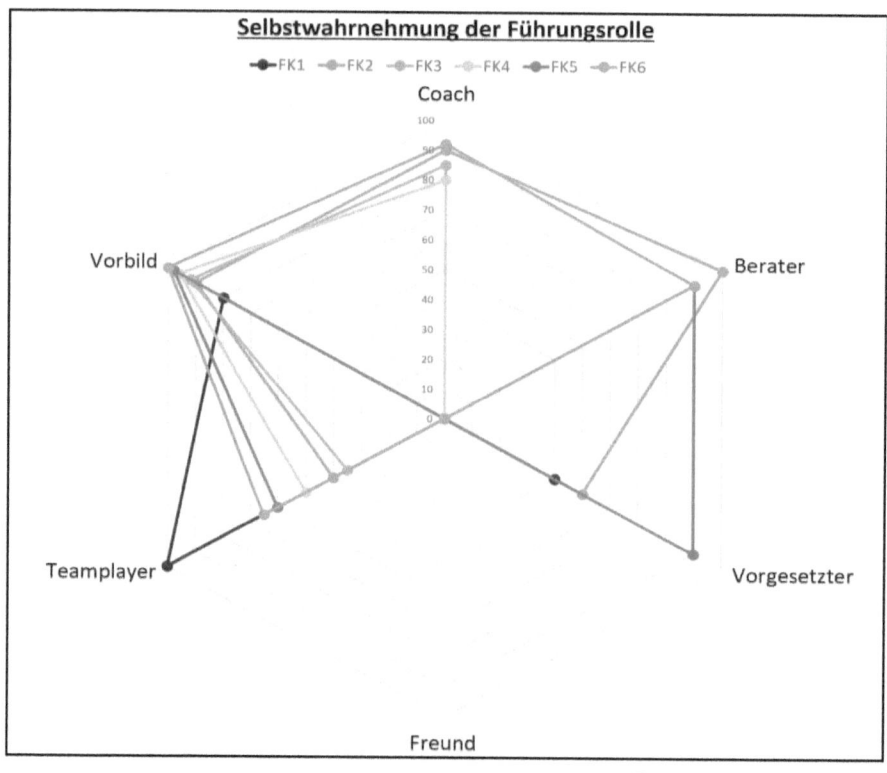

Abbildung 36 – Auswertung Interviews: Selbstwahrnehmung

Emotional Leadership, Selbstführung und Agile-Emotional-Leadership

Abbildung 37 zeigt das Themenfeld „Emotional Leadership, Selbstführung, Empathie und Agile-Emotional-Leadership". Fünf Führungskräften ist Emotional Leadership bekannt, einige können den Begriff jedoch nicht genauer definieren oder verwenden eine eigene Interpretation des Begriffs. Empathie wurde von vier der sechs Führungskräfte als wichtige Eigenschaft in agilen Projekten genannt. Die Frage, ob Selbstführung für die Führungskraft wichtig ist, wurde hingegen nur von drei Führungskräften positiv beantwortet.

Alle sind überzeugt, dass Emotional Leader besser führen können. Alle Interviewpartner sind zudem der Meinung, dass sich Emotional Leadership und Agiles Projektmanagement für die Mitarbeiter und das Unternehmen gewinnbringend kombinieren lassen.

Dazu sagte Sylvia Rehm im Interview: *„Grundlage für agiles PM ist die emotionale Führungsfähigkeit der Führungskraft. Damit ist die FK imstande, vorhandene Energie für das Projekt zu potenzieren, um noch agiler zu werden."*[171]

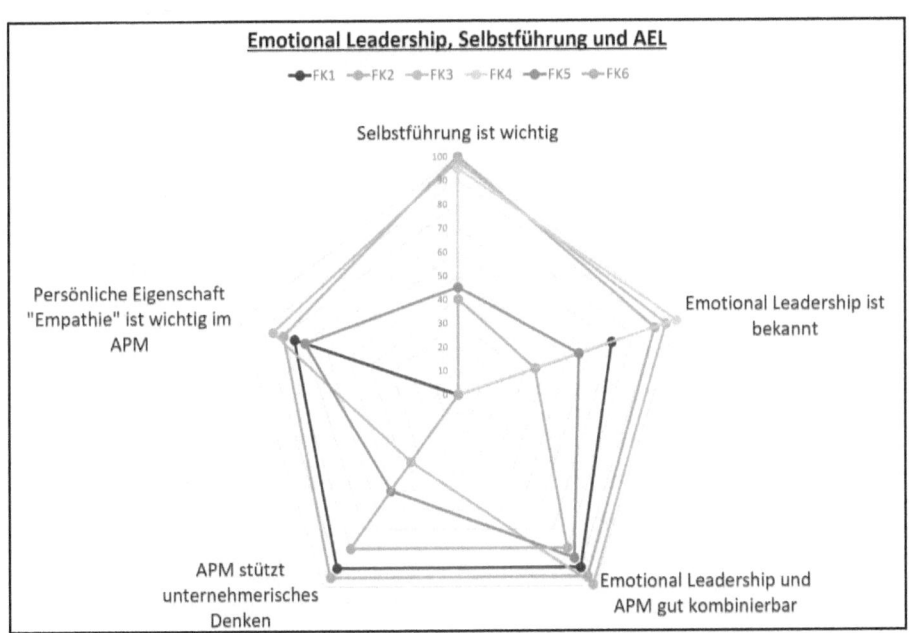

Abbildung 37 – Auswertung Interviews: EL, Selbstführung und AEL

---

[171] Anlage: Ordner „Interviews" - 02 Interview-Sylvia Rehm-Stoll Gruppe GmbH.docx (Frage 25)

5 Bewertung der These durch Vergleich mit den Forschungsergebnissen

In diesem Kapitel 5 wird die Forschungsthese, dass *agile Projekte, die durch Emotional Leader geführt werden, für mehr Mitarbeiterzufriedenheit sorgen und so erfolgreicher durchgeführt werden können,* mit den Ergebnissen der Umfrage und den Interviews verglichen. Im Zusammenhang mit der Bewertung der Ergebnisse ist darauf hinzuweisen, dass sog. „*weiche*" erfolgskritische Faktoren (z.B. Motivation, Engagement, emotionale Bindung) nicht durch absolute „*harte*" Kennzahlen abgebildet werden können.[172] Ohnehin wäre die alleinige Orientierung an monetären Zielgrößen (Gewinn, Umsatz, etc.) in agilen Projekten nicht ausreichend.

Weiche Faktoren beleuchten den sozialen Hintergrund des Projekterfolgs. Durch diese Faktoren werden die Mitarbeiter nachhaltig in das Unternehmen und in die Projekte eingebunden und die Prozesse werden kontinuierlich verbessert.[173] Es würde sich hier anbieten, tiefer auf die vorliegenden Untersuchungen zur Bewertung von Erfolgsfaktoren einzugehen, was allerdings den Rahmen dieser Arbeit zu weit ausdehnen würde. Deshalb sei an dieser Stelle beispielhaft auf das 7-S Modell („*The 7-S Framework*")[174] von der Unternehmensberatung McKinsey hingewiesen. Dieses erläutert die Wechselwirkung zwischen harten und weichen Faktoren und deren nachweisbaren Einfluss auf Erfolg oder Misserfolg von Unternehmen und Projekten.[175] Ein weiteres bestätigendes Modell ist das „*EFQM-Modell*". Es ist heute als ein wichtiger Anschluss der Balanced Scorecard bekannt. EFQM steht für „*European Foundation for Quality Management*". Das Modell fokussiert sich auf Geschäftsergebnisse, die es in finanziellen und nichtfinanziellen Größen misst. „*Die Ergebnisse umfassen ausdrücklich die Anspruchsgruppen „Mitarbeiter", „Kunden" und die „Gesellschaft"*".[176] Mitarbeiter sind in diesem Modell eine Ressource, die eine eigene Zielgröße darstellt.[177] Es kann also festgestellt werden, dass Unternehmens- und Führungskultur, die Qualifika-

---

[172] Vgl. Urs Jäger (2003, S.155)
[173] Vgl. Urs Jäger (2003, S.206)
[174] mckinsey.com (2017)
[175] Vgl. Dr. Georg Angermeier (2009)
[176] Urs Jäger (2003, S.206)
[177] Vgl. Urs Jäger (2003, S.206)

tion und das Engagement der Mitarbeiter anerkanntermaßen erfolgskritische Elemente für den Erfolg von Projekten und Unternehmen sind. „Aus diesem Grund wird die Berücksichtigung sozialer Aspekte als weiterer Punkt in die vorhandene Liste von Erfolgsfaktoren aufgenommen."[178]

Mit diesem Wissen und auf dieser Grundlage kann nach der Auswertung der Umfrage und der Interviews anhand der erhobenen Daten, eine vorteilbringende Kombination von Emotional Leadership und agilem Projektmanagement bestätigt oder entkräftet werden.

5.1 Erkenntnisse aus der Umfrage

Im Folgenden sind die Erkenntnisse aus der Umfrage in Themenblöcken zusammengefasst. Es hat sich herausgestellt, dass der Begriff „agil" von vielen Befragten unterschiedlich verstanden wird. Wenn Mitarbeiter sich oder das Unternehmen als agil bezeichnen, ist dies nicht gleichbedeutend mit der konsequenten Anwendung agiler Projektmethoden (wie bspw. SCRUM oder Kanban). Vielmehr wird Agilität in vielen Fällen als die grundsätzliche Bereitschaft verstanden, individuell, als Team oder Unternehmen auf Veränderungen zu reagieren.

Es hat sich ebenso herausgestellt, dass Emotional Leadership von den Befragten unterschiedlich definiert wird. Für die Einen ist es hauptsächlich Empathie, für Andere die Mischung aus empathischen Verhalten und Kommunikationsstärke. Dies muss bei der Analyse der Umfrageergebnisse berücksichtigt werden.

Durch die geringe Abbruchquote der Umfrage insgesamt (ca. 2 Prozent) und das seltene Überspringen einzelner Fragen zeigt sich, dass die Umfrage verständlich und vom Umfang her angemessen war.

Agiles Projektmanagement

Die Umfrage hat ergeben, dass Agiles Projektmanagement weniger bekannt ist als Emotional Leadership. Allerdings kann aus den Antworten geschlussfolgert werden, dass auch Personen, die Agiles Projektmanagement nicht kennen, eine agile Arbeitsweise bevorzugen. Das geht bspw. aus dem Ergebnis hervor, dass die Mehrheit der Teilnehmer eine variable Arbeitszeit bevorzugt und ebenso eine

---

[178] Tobias Trepper (2015, S.52)

ausreichend gute, unkomplizierte, transparente und direkte Kommunikation im Team und mit dem Vorgesetzten wünscht. Zwar wird die feste Teamrolle eindeutig bevorzugt, jedoch mit der Einschränkung auf diese nicht dauerhaft festgelegt sein zu müssen. Aus dieser Aussage lässt sich ableiten, dass die Befragten schon bereit wären etwas Neues auszuprobieren, dies aber mit der Sorge einhergeht, dadurch den Platz im Team nicht mehr sicher zu haben. In einem Artikel der Roman Herzog Stiftung zum Thema „*Führungsstile und gesellschaftliche Megatrends im 21. Jahrhundert*" aus dem Jahr 2013 wird dazu geschrieben: „*Die Angst, etwas zu verlieren, wiegt schwerer als der Wert neuer Errungenschaften und beeinflusst so Präferenzen und Handeln*".[179] Hinzu kommt, dass über die Hälfte der Befragten die zu erledigende Aufgabe über eine geregelte Arbeitszeit stellt.

Diese Präferenzen der Umfrageteilnehmer beschreiben das agile Vorgehen im Kern und zeigen auf, dass auch Personen, die das agile Projektmanagement nicht kennen, die damit verbundene Arbeitsweise bevorzugen. Agile Teams bestehen aus Spezialisten, die umfassendes Wissen über die Arbeit der anderen Teammitglieder haben und jederzeit ihr eigenes mit anderen teilen. Transparenz, eine hierarchiefreie Arbeitsumgebung, Fokussierung auf die Aufgaben und dezentrales Arbeiten, sind Grundsätze des agilen Projektmanagements und werden in den unterschiedlichen Beantwortungen immer wieder von den Befragten gefordert.

Es wurde im Rahmen der Befragung auch Kritik am agilen Projektmanagement geäußert. Einige formulierten die Sorge vor Informationsüberflutung und einer chaotischen Arbeitsorganisation ohne klares Ziel. Die Skepsis vor Veränderung ist in diesen Ergebnissen zu erkennen. Dennoch kann aus der Summe der vorliegenden Antworten geschlossen werden, dass die Vorteile, die eine agile Arbeitsumgebung bietet, höher eingeschätzt werden als die Bedenken, selbst bei denen, die über keine praktischen Erfahrungen verfügen.

Wertschätzung und Rollenverständnis

Trotz der Gesamtzufriedenheit der Befragten, empfindet ein Drittel wenig bis gar keine Wertschätzung durch ihre Vorgesetzten. Das ist ein erheblicher Anteil. Hier

---

[179] Anlage 17 - Roman Herzog Institut Ausgabe Nr. 22 - Fuehrungsstile und gesellschaftliche Megatrends im 21. Jahrhundert (2013) (S. 25 f.)

liegen Risiken für innere Kündigungen mit all ihren Folgen und eine negative Wirkung auf die Performance insgesamt. Wie in den Kapiteln zuvor erläutert, kommen Studien wie bspw. Gallup nachweislich zu der Schlussfolgerung, dass sich unverstanden fühlende Mitarbeiter eher bereit sind das Unternehmen zu wechseln, als solche, die sich von ihrem Vorgesetzten verstanden, respektiert und wertgeschätzt fühlen.[180]

Nur etwas mehr als ein Drittel der Befragten nehmen ihre Vorgesetzten als Moderator oder Coach wahr. Diese Antworten lassen auf klassisches Verhalten der Vorgesetzten schließen. Umfrageteilnehmer, die in agilen Umgebungen arbeiten, nehmen ihre Vorgesetzten wesentlich seltener als Kontrolleur und fachlichen Berater wahr. Diese Mitarbeiter betrachten ihre Vorgesetzten vor allem als Coach und Moderator. Das lässt die Schlussfolgerung zu, dass in agilen Projekten die Vorgesetzten anders agieren als im klassischen Umfeld. Die Befragten, die den Vorgesetzten als Coach und Moderator wahrnehmen, sind wesentlich zufriedener mit ihrer Arbeitssituation. Die Rollen des Coaches und Beraters sind wesentlicher Bestandteil für das Konzept des Emotional Leaderships.

Es kann somit festgehalten werden, dass die Wirkung von angewandtem Emotional Leadership in agilen Projekten positive Ergebnisse bei der Mitarbeiterzufriedenheit hervorruft.

Anforderungen an Führungskräfte

Die Umfrage zeigt, dass Vorgesetzte nicht in ausreichender Weise für Transparenz sorgen. Diejenigen Mitarbeiter, die in agilen Projekten arbeiten bzw. Methoden des agilen Projektmanagements kennen, gaben deutlich häufiger an, besonderen Wert auf Transparenz zu legen, als diejenigen, die das Agile Projektmanagement nicht kennen. Das lässt die Schlussfolgerung zu, dass Transparenz in agilen Projekten wesentlich selbstverständlicher ist als in klassischen Strukturen. Die Antworten legen aber auch nahe, dass die Befragten von ihren Vorgesetzten erwarten, dass diese für Transparenz sorgen. Transparenz ist einer der wesentlichen Aspekte von agilem Projektmanagement, aber auch von Emotional Leadership.

---

[180] Vgl. Christina Kessel (2015)

Weiterhin hat die Auswertung der Umfrage gezeigt, dass die Befragten der Überzeugung sind, dass ihre eigene Arbeitssituation bei ihren Vorgesetzten nicht ausreichend präsent ist. Sie würden darüber gerne häufiger und offener sprechen. Ein Drittel der Befragten ist der Meinung, dass dem Vorgesetzten ihre persönliche Entwicklung nicht wichtig ist. Diese Erkenntnisse lassen den Schluss zu, dass die Prinzipien des Emotional Leaderships in der praktischen Führungsarbeit noch zu wenig Aufmerksamkeit geschenkt wird.

Kommunikation im Team und mit Vorgesetzten

Aus den Antworten lässt sich schließen, dass die Befragten zwar grundsätzlich nur wenig Kritik anmelden, was die Art und Weise der Kommunikation mit ihren Vorgesetzten betrifft. Allerdings zeigt die nähere Untersuchung ebenso deutlich, dass Verbesserungen und Veränderungen bei der inhaltlichen Gestaltung der Gespräche notwendig sind. Wenn ein Fünftel der Befragten angibt, lieber nicht so häufig mit ihren Vorgesetzten sprechen zu wollen, kann dies als Hinweis verstanden werden, dass die Gespräche nicht das liefern, was die Mitarbeiter sich vorstellen oder das der Begegnung mit dem Vorgesetzten kein großer Wert beigemessen wird. Mehr als zwei Drittel gaben an, dass sie häufiger von ihrem Vorgesetzten konkrete Hilfestellungen erwarten würden. Sie geben damit einen starken Hinweis darauf, dass sie gerade hier Defizite in der Kommunikation mit dem Vorgesetzten sehen. Daraus lässt sich schlussfolgern, dass die tägliche Kommunikation stark verbesserungswürdig ist.

Viele Mitarbeiter fühlen sich nicht richtig verstanden und wenden sich bei persönlichen Problemen lieber an ihr privates Umfeld als mit dem Vorgesetzten zu sprechen. Einige gaben an, dass sie es nicht wollen. Andere gaben an, dass sie der Meinung sind, der Vorgesetzte sei nicht verfügbar oder an ihrer persönlichen Situation nicht interessiert. Ebenso fordern die Mitarbeiter, dass der Vorgesetzte in konkreten Problemfällen besser für sie verfügbar und dafür in die Arbeitsabläufe stärker integriert sein sollte. Über die Hälfte beschreibt, dass der Vorgesetzte eher als fachlicher Berater wahrgenommen wird.

Anhand dieser Antworten wird deutlich, dass die Elemente von Emotional Leadership in der Kommunikation zwar gewünscht, aber nicht stark ausgeprägt sind. Emotional Leader zeigen authentisches Interesse an jedem Mitglied ihres Teams. Die Mitarbeiter haben bei einem Emotional Leader das sichere Gefühl, dass die

Führung sich für sie und ihre individuelle Situation interessiert und diese, wenn nötig, verbessern möchte.

Es kann festgehalten werden, dass die Vorteile der Kommunikation von agilem Projektmanagement in der Unternehmenswirklichkeit überwiegend noch nicht angekommen sind. Selbst wenn Mitarbeiter und die Führung der Meinung sind, sie würden agil arbeiten, zählt im agilen Projektmanagement vor allem die konsequente Anwendung agiler Prinzipien wie Transparenz und Offenheit in der Kommunikation. Es ist das Wesen von agilen Projekten, dass Probleme und Meinungsverschiedenheiten angesprochen werden. Die agilen Methoden setzen voraus, dass alle Teammitglieder in gleicher Weise stimmberechtigt sind, unabhängig davon, ob in manchen Fällen eine Entscheidung vom Vorgesetzten getroffen werden muss oder nicht. Wenn über 40 Prozent der Befragten der Meinung sind, dass neue Entscheidungen nicht transparent oder nachvollziehbar getroffen werden, liegt hier ein klares Defizit in der Kommunikationsstärke des Vorgesetzten vor, was wiederum Rückschlüsse auf wenig vorhandenes Emotional Leadership zulässt.

Aus den gegebenen Antworten zur Kommunikation lassen sich Defizite erkennen, allerdings auch deutlich der Wunsch nach der Anwendung von Agilität und Emotional Leadership. Wie die Umfrage des Weiteren ergeben hat, werden für die Kommunikation neben den persönlichen Gesprächen und Meetings eher konventionelle Methoden genutzt, z.B.: E-Mail und Telefon. Sichtbar wurde auch, dass die Informationsverteilung durch E-Mail einen großen Stellenwert hat. Vor allem E-Mails haben den Nachteil, dass Informationen die Empfänger selektiv, zeitlich versetzt, oft auch nicht eindeutig und daher nicht klar interpretierbar erreichen. Der Vorteil, den Kollaborationssoftware bietet wird hier deutlich. Denn ein solches Kommunikationssystem ist synchron, Informationen werden direkt bereitgestellt, sind wesentlich vielseitiger und sind für alle Adressaten gleich und jederzeit einsehbar.

Zusammenarbeit mit dem Vorgesetzten

Nur etwa die Hälfte der Befragten gab an, dass sie zufrieden sind mit der Zusammenarbeit mit ihren Vorgesetzen. Sie erwarten, dass die Vorgesetzten mehr Interesse zeigen, um ihre Arbeitssituation besser zu verstehen und dass sie tiefer in die täglichen Prozesse integriert sind. Diese Erwartungen entsprechen den Voraussetzungen, die bei einer agilen Arbeitsweise gelten. Im agilen Projektmanagement ist nicht jeder in jedes Detail eingebunden, aber das Wissen um alle aktuellen Aufgaben, Probleme und Fragestellungen ist jederzeit für jeden zugänglich. Da die Befragten zudem fordern, dass Vorgesetzte mehr Verständnis für die eigene Situation der Mitarbeiter zeigen sollten, verdeutlichen diese Erkenntnisse, dass sich die Vorgesetzten noch stärker in den Arbeitsalltag einbringen müssen.

Ergebnisse zum Emotional Leadership

Dass Emotional Leadership teilweise bekannt ist, wurde bei der Umfrage deutlich. Viele Mitarbeiter, die das Konzept nicht kennen, wünschen sich bei ihren Vorgesetzten trotzdem genau die Eigenschaften, die Emotional Leader auszeichnet: Erreichbarkeit, Offenheit für Themen auch abseits der zu erledigenden Aufgabe. Sie wünschen einen Vorgesetzten, der als Coach auftritt und Jemanden, der ehrliches und regelmäßiges Feedback gibt und dieses wertschätzend kommunizieren kann. Neben fachlicher Kompetenz ist die charakterliche Eignung für einige Befragte sogar noch wichtiger. Es ist den Befragten wichtig, dass der Vorgesetzte wahres Interesse an ihnen und ihrer Situation zeigt, also authentisch und aufgeschlossen zugleich ist. Dies sind ebenfalls wesentliche Eigenschaften von Emotional Leadern.

Zusammenfassung der Erkenntnisse aus der Umfrage

Die Umfrage hat gezeigt, dass Mitarbeiter die agilen Methoden und eine agile Arbeitsumgebung bevorzugen. In den freien Anmerkungen haben sich viele Teilnehmer für mehr Kommunikation, mehr Transparenz, Aufgabenfokussierung und Mitbestimmung ausgesprochen. An Vorgesetzte stellen alle Befragten hohe Ansprüche.

Neben fachlicher, spielt die charakterliche Kompetenz eine große Rolle. Mitarbeiter möchten verstanden, wertgeschätzt und durch regelmäßiges Feedback weiterentwickelt werden. Die Zufriedenheit (in agilen Projekten) ist dann am höchsten, wenn die Vorgesetzten Eigenschaften aufweisen, die im Konzept von Emotional Leadership fester Bestandteil der agierenden Führungsperson sind. Schlussfolgernd können Emotional Leader nach Meinung der befragten Mitarbeiter einen Beitrag zu einem besseren Arbeitsergebnis in agilen Projekten liefern.

Zusammenfassend kann gesagt werden, dass die Mitarbeiter, die an der Umfrage teilgenommen haben, sich durch ihre Antworten – ob in Kenntnis oder Unkenntnis über Emotional Leadership – eindeutig für einen Emotional Leader als Vorgesetzten und für die Arbeitsmethodik des agilen Projektmanagements ausgesprochen haben.

Die wichtigsten Erkenntnisse aus der Umfrage:

Arbeitsorganisation

1. Eine variable Arbeitszeit ist vorteilhaft.
2. Die transparente Teamkommunikation ist wichtig.
3. Die Aufgabenerfüllung geht vor Einhalten fester Arbeitszeiten.
4. Ein höheres Maß an Selbstorganisation ist wünschenswert.
5. Feste Teamrollen werden bevorzugt.
6. Es besteht eine Bereitschaft für mehr Flexibilität.

Führung soll...

7. fachlich und charakterlich geeignet sein.
8. mehr Wertschätzung geben und die persönliche Entwicklung fördern.
9. größeres Interesse an der persönlichen Situation zeigen.
10. auch bei Problemen zwischen Teamkollegen vermitteln.
11. bei konkreten Problemen besser erreichbar sein.
12. nachvollziehbar und transparent entscheiden.
13. tiefer in die alltägliche Arbeit integriert sein.
14. transparenter kommunizieren.

⇨ **Die Prioritäten der Befragten stimmen mit den Eigenschaften von agilem Projektmanagement für die Arbeitsorganisation sowie den Führungsqualitäten von Emotional Leadership überein.**

5.2 Erkenntnisse aus den Interviews

Durch die Interviews konnten Erkenntnisse gewonnen werden, nach welchen Kriterien die befragten Führungskräfte ihre Führungsaufgabe ausrichten, wie sie ihre Arbeitsrealität beurteilen und beschreiben, und in welcher Weise die Themen Agiles Projektmanagement und Emotional Leadership dabei eine Rolle spielen. Die Interviews geben einen weitaus tieferen persönlichen Einblick in die Gedanken- und Gefühlswelt der Vorgesetzten als es durch eine Umfrage möglich wäre. Gleichzeitig sind die Antworten weniger repräsentativ als eine Umfrage.

Im Folgenden sind die Ergebnisse in Themenblöcken zusammengefasst und interpretiert.

Agiles Projektmanagement

Es hat sich wie auch schon in der Umfrage herausgestellt, dass einige Befragte ihr Unternehmen zwar für agil halten, die Prinzipien, Regeln und Methoden des agilen Projektmanagements hingegen gar nicht kennen. Unter den Interviewten Führungskräften wird Agilität grundsätzlich als positiv für die Arbeit wahrgenommen.

Alle Führungskräfte bewerten ihr Unternehmen als agil – einige von ihnen jedoch nicht uneingeschränkt. Eine Aussage lautet z.B., dass das Unternehmen aufgrund der flachen Hierarchien als agil eingeschätzt wird. Außerdem wurde mehrfach die Aussage getroffen, dass auf neue Einflüsse von außen (Marktbedingungen, neue Technologien etc.) schnell und damit agil reagiert werden kann. Eine Führungskraft sieht die Agilität durch den eigenen Vorgesetzten als gehemmt an. Sie ist der Meinung, dass sie weitaus agiler handeln und führen könnte, wenn sie nicht durch Entscheidungen von oben beeinflusst bzw. blockiert werden würde. Das agile Projektmanagement bewerten alle Führungskräfte als sinnvolles und zukunftsfähiges Arbeitsmodell in ihrem Bereich.

Agile Projektmethoden (bspw. SCRUM)

Konkrete agile Methoden konnten nur Diejenigen benennen, die tatsächlich mit einer Methode wie Kanban oder SCRUM arbeiten. Nur diese Führungskräfte konnten diese Begriffe definieren und Beispiele aus ihrer täglichen Arbeitspraxis nennen. Diese Aussagen decken sich mit einer Erkenntnis von Christoph Ebert, Redakteur bei basta.net. In einem Gespräch mit dem agilen Trainer Frank Düsterbeck (HEC GmbH) erfährt er, dass die wenigsten Unternehmen, die sich als agil bezeichnen, das Agile Manifest wirklich verinnerlicht hätten.[181] Diese Quelle bestätigt die eigene Erhebung durch die Interviews. Sich als agil zu bezeichnen, ist nicht gleichbedeutend mit dem Wissen um die Prinzipien und Methoden des agilen Projektmanagements. Und das Wissen um die Prinzipien bedingt noch nicht deren konsequente Umsetzung im Arbeitsalltag.

Den interviewten Führungskräften, die agile Methoden anwenden, (Daily SCRUM, SPRINT-Planungen etc.) hilft es dabei, routinierte Abläufe zu etablieren und Informationen transparent im Team zu kommunizieren. Die vollständige Anwendung der methodischen Prinzipien ist nicht bei allen Führungskräften gegeben, was von ihnen allerdings auch nicht als problematisch empfunden wird.

Emotional Leadership

Den Begriff „Emotional Leadership" kannten alle Führungskräfte, nicht jeder von ihnen konnte es jedoch genau definieren. Wie in dieser Arbeit beschrieben, ist der Interpretationsspielraum zu konkreten Handlungen für Emotional Leader vergleichsweise (z.B. zum agilen Projektmanagement) groß. Viele der Befragten nannten zum Emotional Leadership Stichwörter wie *„Empathie"*, *„Vorbildfunktion"*, *„Vertrauen"* und *„Selbstdisziplin"*. Daraus lässt sich die in der Umfrage unter Mitarbeitern bereits erlangte Erkenntnis bestätigen, dass Emotional Leadership das bekanntere der beiden Konzepte ist.

Eine Diskrepanz lässt sich zwischen Mitarbeitern und Führungskräften erkennen: Alle Führungskräfte sind der Ansicht, sie würden Emotional Leadership anwenden. Es wurden zwar nicht in jedem Fall die Mitarbeiter und Führungskräfte der gleichen Unternehmen befragt, jedoch sind die Mitarbeiter weniger der Überzeugung als die Führungskräfte, dass sie Emotional Leadership in ihrer Arbeitswelt wahrnehmen. Grundsätzlich sind alle Führungskräfte von Emotional Leadership und der positiven Wirkung auf ihr Handeln und auf die Mitarbeiter überzeugt.

Führen in agilen Projekten

Bei der Frage nach den persönlichen Eigenschaften und Voraussetzungen, die man als Führungskraft in agilen Projekten mitbringen muss, wurden Begriffe wie *„Flexibilität"*, *„Disziplin"*, *„Kommunikation(sstärke)"* und *„Vorbildfunktion"* genannt.

---

[181] Vgl. Frank Düsterbeck (2016)

Diese Stichworte beschreiben sehr gut die Rolle und Eigenschaften, die eine Führungskraft im agilen Projektmanagement einnehmen sollte. In den Interviews wurde deutlich, dass einige das Agile Manifest und die darin formulierten Grundlagen nicht kennen. Vielmehr wurde aufgrund von praktischer Berufserfahrung und einer gefühlten Einschätzung argumentiert. Aus diesen Antworten geht hervor, dass einige der Führungskräfte ohne Hintergrundwissen instinktiv ihr Führungsverhalten den Rahmenbedingungen angepasst haben, weil sie unmittelbar erfahren haben, dass sie auf diese Weise wirksamer, also erfolgreicher führen, vor allen Dingen auch durch Empathie. Vielen der Befragten ist klar, dass die Zukunft hierarchiefreier, kollaborativer und flexibler gestaltet werden muss. *„Flexible Arbeitszeiten"*, *„Freizeitfokussierung"* und *„Selbstverwirklichung"* am Arbeitsplatz, waren einige der von den Führungskräften genannten Punkte, die in Zukunft von Unternehmen und Führungskräften gefordert werden. Die Führungskräfte sind sich sicher, dass die agilen Methoden in diesem Zusammenhang hervorragend passen.

Hierarchie

Bei den Fragen zur Arbeitsorganisation und der Notwendigkeit von Hierarchie, waren die Führungspersonen unterschiedlicher Meinung. Einige von ihnen vertreten die Meinung, dass Hierarchie notwendiger Bestandteil ihres Unternehmens bleiben muss. Andere sind der Überzeugung, dass Hierarchie bei unbeliebten Entscheidungen notwendig ist. Eine andere Führungskraft könnte auf Hierarchie verzichten und ist der Meinung, dass die Kompetenz entscheidend ist und schlussfolgernd Führungskräfte besser ausgebildet sein müssen. Ein Interviewpartner wies darauf hin, dass es besonders fatal sein kann, *„wenn (von der Führung) nicht nachvollziehbare Entscheidungen getroffen werden, die dann im Rückblick auch noch falsch gewesen sind."*[182]

Im Konsens sind die Führungskräfte Fürsprecher von zumindest einem Rest an Hierarchie. Hierarchie hilft demnach unbeliebte Entscheidungen durchzusetzen und bei Meinungsverschiedenheiten zu vermitteln. Dazu sagte eine Führungskraft: *„Auch wenn alle an den gemeinsamen Entscheidungsgrundlagen mitarbeiten und mitgestalten. Einer muss zum Ende den Kopf hinhalten."*[183]

---

[182] Anlage: Ordner „Interviews" - 06 Interview-TOBIAS-GURSKI-Instant-Data-GmbH.docx (Frage 16)
[183] Anlage: Ordner „Interviews" - 03 Interview-Julia-Meyer-Uniplan-Hamburg.docx (Frage 13)

Arbeitsbeziehung zu den Mitarbeitern

Bei den Fragen zum Arbeitsverhältnis zu den Mitarbeitern beklagen einige der Führungskräfte, dass sie aufgrund ihrer eigenen Tätigkeit zu wenig Zeit hätten, sich eingehend um die Mitarbeiter zu kümmern. Ein beispielhafter Lösungsansatz für dieses Problem von Holger Rehm, Teamleiter beim SPONSORs Verlag, ist ein neben den formellen Meetings regelmäßig stattfindender sog. „*Kaffeeklatsch*", der im Unternehmen etabliert wurde. Während dieses informellen Meetings, welches angelehnt an das Daily SCRUM im Stehen stattfindet, kann man sich untereinander und mit dem Vorgesetzten in lockerer Atmosphäre in der Küche austauschen.[184] Er führte aus, dass das Feedback bei den Mitarbeitern durchweg positiv ist. Es lässt sich daraus schlussfolgern, dass informelle Gespräche – in einem gewissen Rahmen – zur Zufriedenheit der Mitarbeiter beitragen.

Informelle Gespräche sind Teil von Emotional Leadership. In diesen Gesprächen kann die Führungskraft wahres Interesse an der Situation der Mitarbeiter zeigen, für welches z.B. im hektischen Arbeitsalltag keine Zeit ist. Die Erkenntnis dieser Ergebnisse ist, dass Emotional Leadership einen messbaren Anteil an der Zufriedenheit der Mitarbeiter hat, wenn sie nach den Regeln und Grundsätzen des Konzeptes behandelt werden.

Zusammenfassung der Erkenntnisse aus den Interviews

Die Interviews mit den Führungskräften haben gezeigt, dass agile Arbeitsweisen, mit und ohne Anwendung bestimmter Methoden, notwendig sind und praktisch angewendet werden, um den Anforderungen von Kunden und Wettbewerb zu begegnen. Weiter haben die Gespräche gezeigt, dass alle Führungskräfte durchaus bewusst und intensiv ihre Führungsaufgabe reflektieren. Übereinstimmend war der Aspekt, dass zu wenig Zeit vorhanden ist, um die Bedürfnisse der Mitarbeiter nach persönlicher Beratung, Betreuung und Entwicklung angemessen zu erfüllen. Es hat sich gezeigt, dass sie ein klares Rollenverständnis für ihre Aufgabe als Führungskraft haben, welches inhaltlich mit dem Bild des Emotional Leaders übereinstimmt. Die Befragten haben sehr anschaulich erläutert, dass die Verbindung von agilen Methoden und einer Mitarbeitern zugewandten Führung den wesentlichen Teil ihrer erfolgreichen Arbeit ausmacht und diese angesichts der zukünftigen Herausforderungen noch verstärkt werden muss.

---

[184] Vgl. Anlage: Ordner „Interviews" - 01 Interview-Holger-Rehm-SPOSNORs.docx (Frage 8)

Zusammenfassend kann festgestellt werden, dass die interviewten Führungskräfte agilen Strukturen sehr aufgeschlossen gegenüberstehen, wenngleich sie der Überzeugung sind, dass Hierarchie sie in manchen Situationen hilfreich unterstützt. Die befragten Führungskräfte wünschen sich mehr Unterstützung von ihren unmittelbaren Vorgesetzten, um mehr Zeit für die Mitarbeiter zu haben.

Die Mehrzahl der Führungskräfte hat klare Ideen und Konzepte zur Umsetzung des Emotional Leaderships und gibt an transparent und aufgeschlossen zu kommunizieren. Viele halten ihr Unternehmen ohnehin schon für sehr agil. Die Verknüpfung von agilem Projektmanagement und Emotional Leadership hielten alle Führungskräfte für effektiv. In den Interviews wurde deutlich, dass in agilen Projekten wesentlich mehr kommuniziert wird. Aus diesem Grund ist die Kommunikationsstärke, die vermittelte Transparenz und die eigene Authentizität wichtig für die Führungskräfte – alles ebenfalls Eigenschaften von Emotional Leadern. Durch die besondere Teamkonstellation und die häufig wechselnden Anforderungen in agilen Projekten, sehen die Führungskräfte in diesem Umfeld einen Emotional Leader als die effektivste Führungskraft an.

Die wichtigsten Erkenntnisse aus den Interviews

Arbeitsorganisation

1. Agiles Projektmanagement ist als Methode bekannt.
2. Agile Methoden wie SCRUM und Kanban werden selektiv angewendet.
3. Agilität wird auch als Anpassungsfähigkeit an Kunde und Markt verstanden.
4. Hierarchie bleibt in bestimmten Situationen notwendig.
5. Flexibilität ist ein wichtiges Merkmal für Erfolg.
6. Neue Arbeitsorganisationen sind wichtig für die Zukunft.

Führung...

7. sieht sich als Vorbild, Coach und Berater.
8. möchte mehr Zeit für Gespräche mit Mitarbeitern aufwenden.
9. möchte sich intensiver um die Belange von Mitarbeitern kümmern.
10. weiß, dass Empathie, Transparenz und Vertrauen wichtige Elemente sind.
11. weiß, dass neue Konzepte für Mitarbeiterführung wichtig für die Zukunft sind.

⇨ **Die Prioritäten der interviewten Führungskräfte stimmen zum überwiegenden Teil mit den Eigenschaften von agilem Projektmanagement und vollständig mit den Führungsqualitäten von Emotional Leadership überein.**

6 Fazit und kritische Würdigung

Mit dieser Masterarbeit konnte nachgewiesen werden, dass agile Projekte durch Emotional Leader mit ihren speziellen Charaktereigenschaften erfolgreicher durchgeführt werden können. Die Ergebnisse der Datenerhebung, die zitierten Studien und alle weiteren zur Untersuchung herangezogenen Quellen bestätigen die Forschungsthese.

Emotional Leadership als Führungsmodell in Verbindung mit den Methoden und Werkzeugen des Agilen Projektmanagements stellt sicher, dass Mitarbeiter sich wertgeschätzt fühlen und selbstbestimmter arbeiten. Dadurch sind sie engagierter, produktiver und tragen in erhöhtem Maß zum Unternehmenserfolg bei. Wie diese Arbeit des Weiteren bestätigt, verbinden Mitarbeiter ein Idealbild ihrer Arbeitssituation mit bestimmten Anforderungen, die den nachgewiesenen Erfolgsfaktoren für Führung und Arbeit in agiler Umgebung entsprechen. Menschen wollen und können in einer für sie angenehm empfundenen Umgebung bessere Leistungen erbringen, was unter anderem durch die jährlichen Studien des Meinungsforschungsinstitut Gallup nachgewiesen wird.

Die in zahlreichen Büchern, Studien und Online-Medien vorhandene Literatur macht deutlich, dass die Themengebiete Führung, Leadership und Projektmanagement ausführlich untersucht sind. In den vergangenen Jahren lag ein Schwerpunkt dieser Forschung auf der digitalen Arbeitswelt wie an den Beispielen des Konzeptes Agile Leadership 3.0 und dem VOPA-Plus Modell erläutert. Dieses vorhandene Wissen bestätigt die positive Wirkung von emotionaler Führung und die Wechselwirkung zwischen theoretischen Methoden und praktischem Erfolg.

Es ist wichtig herauszustellen, dass mit dieser Thesis die Führungsarbeit durch Emotional Leader speziell in agilen Projekten fokussiert wurde. Meine Erfahrungen als Projektmanager und SCRUM-Master zeigen zusätzlich, dass das Verständnis für agile Methoden und deren praktische Anwendung stärker vermittelt werden sollte. Umso wichtiger war es, die These mit einem wissenschaftlichen Ansatz zu überprüfen und daraus Handlungsempfehlungen für das Führen in agilen Projekten abzuleiten. Während der Erarbeitung dieser Masterthesis fand ich keinen Hinweis darauf, dass der von mir geprägte Begriff Agile-Emotional-Leadership bis dato schon einmal verwendet wurde.

Als Kritik könnte angeführt werden, dass zum Beweis der Thesis harte Kennzahlen fehlen. Diesem Argument ist entgegenzusetzen, dass die Wirkung von weichen Faktoren auf den Erfolg von Projekten unstrittig und nachgewiesen ist, selbst wenn dies nicht durch absolute Zahlen abgebildet werden kann, wie es z.B. bei finanziellen Messgrößen üblich ist. Auf die zu diesem Thema einschlägig vorhandene Literatur über Projekt- und Unternehmensbewertung wurde aus diesem Grund hingewiesen.

Ebenso muss darauf hingewiesen werden, dass diese Arbeit nicht das Ziel hatte, die unterschiedlichen Formen und Erfolgsaussichten von Projekten oder Projektorganisationen im Allgemeinen zu untersuchen. Die inhaltliche Beschreibung zum agilen Projektmanagement wurde nur insoweit vertieft, dass der Leser die grundsätzliche Arbeitsweise einer agilen Umgebung mit deren Hauptfunktionen, Aufgaben und Rollen verstehen kann. Als Fallbeispiel wurde die agile SCRUM-Methode skizziert. Auf die Beschreibung dahinterliegender technischer Strukturen und Abläufe wurde bewusst verzichtet, weil dies den Rahmen dieser Arbeit zu weit ausdehnen würde.

Wie ich herausstellen konnte sind agile Strukturen nicht vereinbar mit strikt hierarchischen Führungsmodellen. Der Erfolg in agilen Projekten entsteht aus der schnellen und unmittelbaren Zusammenarbeit aller Beteiligten und der dynamischen Anpassungsfähigkeit an veränderte Prioritäten. Anhand der eigenen Untersuchung, sowie durch die aufgeführten Studien und wissenschaftlichen Forschungsergebnissen konnte ich aufzeigen, dass der Erfolg von agilen Projekten in Unternehmen an Bedingungen, Fähigkeiten und Kenntnisse der Führungspersonen gekoppelt ist. Die Umfrage und die Interviews mit den Führungskräften haben deutlich hervorgebracht, wie sich das Verständnis über agiles Arbeiten entwickelt hat und welche Ansprüche damit verbunden sind. Es reicht heute weit über die durch das Agile Manifest begründeten Methoden hinaus. Andererseits zeigen die Auswertungen der Umfragen und Interviews, dass einzelne Mitarbeiter sich bisweilen in klassischen Arbeitsstrukturen sicherer fühlen und auch Führungskräfte in ihrer hierarchischen Stellung durchaus Vorteile sehen.

Obwohl es meines Erachtens nach nötig ist, die Forschung über die aufgezeigten Zusammenhänge zwischen Führung und agilen Arbeitsweisen zu intensivieren und vor allem in der betrieblichen Praxis Agile-Emotional-Leadership weiter zu entwickeln, zeigt schon das Ergebnis dieser Arbeit, dass die Verbindung von Emotional Leadership und agilem Projektmanagement die beste Voraussetzung für die Anforderungen der digitalen Arbeitswelt bietet.

Wie ich in dieser Arbeit dargelegt habe, suchen zahlreiche Unternehmen nach besseren Führungs- und flexibleren Organisationsmodellen, eingebettet in eine wertorientiertere Unternehmenskultur. Dies wird neben der Erschließung neuer Märkte und Kunden die große Zukunftsaufgabe sein, um die Wettbewerbsfähigkeit zu stärken oder gar existentiell zu sichern. Entscheidend wird dabei die Auswahl und Entwicklung der richtigen Mitarbeiter und der besten Führungskräfte sein.

Wie ich nachweisen konnte, legt die heutige Generation von Mitarbeitern großen Wert auf eine Arbeitsumgebung, die ein freies und selbstbestimmtes Arbeiten ermöglicht. Für sie ist die durch Netzwerke geprägte, interdisziplinäre und flexible Zusammenarbeit eine Selbstverständlichkeit, losgelöst von hierarchischen Strukturen und bürokratischen Hemmnissen. Emotional Leader, in Person einer authentischen und zugewandten Führungskraft, werden dieser Generation zu einem besseren Arbeitserlebnis verhelfen und Unternehmen erfolgreicher gestalten können.

Ich hoffe sehr, dass ich mit dieser Arbeit einen Beitrag für die Weiterentwicklung dieser Erkenntnisse leisten konnte.

Vielen Dank, dass Sie an meiner wissenschaftlichen Forschung interessiert sind und meine Masterthesis gelesen haben.

Marvin Engel

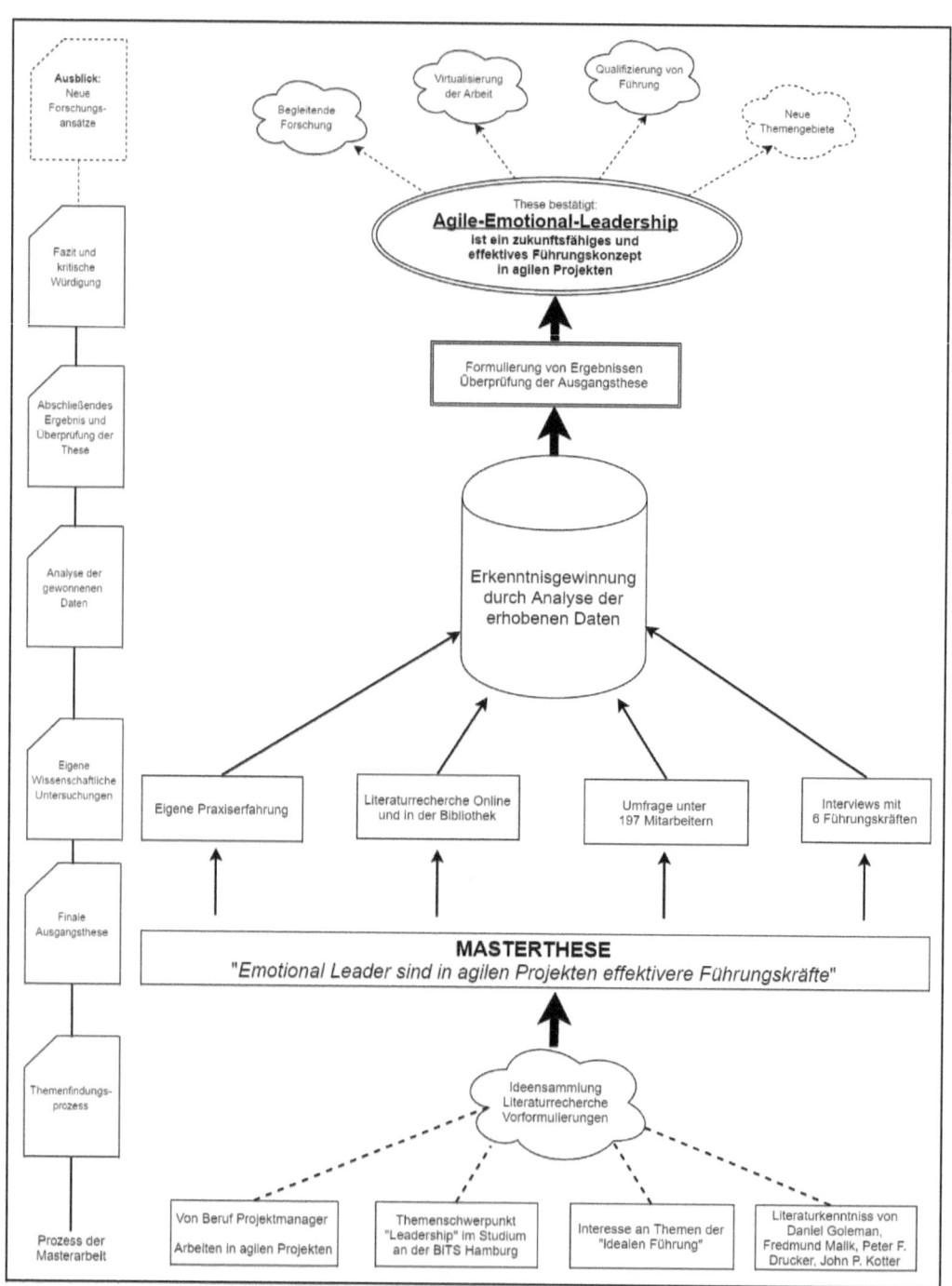

Abbildung 38 – Die Chronologie dieser Masterthesis

7 Quellenverzeichnis

Online

4managers.de (2016)	Was Manager nervt, **Emotional Leader haben mehr Erfolg** http://4managers.de/management/tipps/was-manager-nervt-emotional-leader-haben-mehr-erfolg/ Zugriff am 17.10.2016
agile-lead.com (2016)	**Welcome to Agile Leadership 3.0!** http://agile-lead.com/ Zugriff am 17.10.2016
agilemanifesto.org (2001)	**Manifest für Agile Softwareentwicklung** http://agilemanifesto.org/iso/de/manifesto.html Zugriff am 17.11.2016
Alexandra Mesmer (2015)	Agiles Führen, **In agilen Projekten müssen Führungskräfte loslassen** 06.05.2015 http://www.computerwoche.de/a/in-agilen-projekten-muessen-fuehrungskraefte-loslassen,3098073 Zugriff am 14.11.2016
Amazon.de (2016)	Amazon - **1-16 of 261,222 results for "leadership"** https://www.amazon.com/s/ref=nb_sb_noss_2/154-1137647-1985548?url=search-alias%3Daps&field-keywords=leadership Zugriff am 14.11.2016
Andrea Ovans (2015)	EMOTIONAL INTELLIGENCE, **How Emotional Intelligence Became a Key Leadership Skill** 28.04.2015 https://hbr.org/2015/04/how-emotional-intelligence-became-a-key-leadership-skill Zugriff am 18.11.2016

Andreas Kerneder (2016)	**Aktives Zuhören: Der Kern der Kommunikation** 09.05.2016 https://zweikern.com/blog/aktives-zuhoeren Zugriff am 18.11.2016
Atlassian.com (2016)	Scrum, **Ein kurzer Blick auf die Verwendung des Scrum-Framework in der Softwareentwicklung** https://de.atlassian.com/agile/scrum Zugriff am 18.11.2016
Atlassian.com (2016a)	Großartige Teams nutzen HipChat, **Gruppen- und private Chats, File-Sharing und Integrationsmöglichkeiten** https://de.atlassian.com/software/hipchat Zugriff am 22.12.2016
Atlassian.com (2017)	So baust du ein tolles agiles Team auf https://de.atlassian.com/agile/teams Zugriff am 13.01.2017
Axel Schröder (2016)	Das Stille Post Prinzip – **Aufgaben- und Arbeitsübergabe im Team** https://axel-schroeder.de/das-stille-post-prinzip-aufgaben-und-arbeitsuebergabe-im-team/ Zugriff am 20.12.2016
Bitkom.org (2013)	**Bewerber informieren sich im Internet über Unternehmen** 20.05.2013 https://www.bitkom.org/Presse/Presseinformation/Bewerber-informieren-sich-im-Internet-ueber-Unternehmen.html Zugriff am 25.10.2016
Boundless.com (2013)	**Emotional Leadership** https://www.boundless.com/management/textbooks/boundless-management-textbook/leadership-9/other-leadership-perspectives-73/emotional-leadership-359-10557/ Zugriff am 25.10.2016

Brandeins.de (2016)	Agiles Management, **Schneller!** 06/2016 https://www.brandeins.de/archiv/2016/einfach-machen/agiles-management-schneller Zugriff am 02.11.2016
buecherhallen.de (2017)	Ihre Suche nach agile leadership ergab folgende Ergebnisse: https://www.buecherhallen.de/suche?search=agile+leadership&so=katalog&so=site&saveSelection=1&unchecked= Zugriff am 01.02.2017
Catarina Specht und Paige R. Penland (2016)	Aktives Zuhören, Wer etwas zu sagen hat, muss zuhören können 17.02.2016 http://www.zeit.de/karriere/2016-02/aktives-zuhoeren-kommunikation-verbesserung Zugriff am 02.11.2016
Chaehan So (2012)	Psychologie, **Mensch, was für ein Irrtum!** 06.06.2012 http://www.spiegel.de/gesundheit/psychologie/psychologie-menschenkenntnis-ist-oft-nur-irrglaube-a-836012.html Zugriff am 29.11.2016
Christiane Pütter (2013)	Agile vs. Lean vs. Klassisch, **Streit um Projektmanagement-Methoden** 20.09.2013 http://www.cio.de/a/streit-um-projektmanagement-methoden,2929160 Zugriff am 11.12.2016
Christina Kessel (2015)	BINDUNG STEIGT, LEIDENSCHAFT DÜMPELT 10.03.2015 http://www.harvardbusinessmanager.de/blogs/gallup-index-mitarbeiterbindung-steigt-a-1022614.html Zugriff am 25.01.2017

Claudia Obmann (2015)	HOMEOFFICE UND BERUF, **Wenn der Chef vom Sofa aus arbeitet** 12.02.2015 http://www.handelsblatt.com/unternehmen/beruf-und-buero/zukunft-der-arbeit/homeoffice-und-beruf-wenn-der-chef-vom-sofa-aus-arbeitet/10991468.html Zugriff am 11.12.2016
confluence.atlassian.com (2016)	**Kanban board** https://confluence.atlassian.com/jirasoftwarecloud/files/803931254/803931246/1/1455243542431/current_kanban_board.png Zugriff am 11.12.2016
Dagmar Weindl, Dr. Gesine Herzberger (2016)	Advertorial: Leadership, **Erfolg im Job: Was die Führungskraft von morgen braucht** http://www.marconomy.de/live/articles/521553/ Zugriff am 17.10.2016
Daniel Gräfe (2016)	Arbeitskultur, **Mitarbeiter sollen mehr Fehler machen dürfen** 05.04.2016 http://www.stuttgarter-zeitung.de/inhalt.arbeitskultur-mitarbeiter-sollen-mehr-fehler-machen-duerfen.8ed893ec-f971-4bbc-a7e1-9ed27d15791f.html Zugriff am 12.12.2016
dasscrumteam.com (2016)	**Scrum** https://www.dasscrumteam.com/scrum Zugriff am 30.11.2016
derstandard.at (2015)	**Welche Eigenschaften gute Chefs brauchen** http://derstandard.at/2000014936216/Welche-Eigenschaften-gute-Fuehrungskraefte-brauchen Zugriff am 17.11.2016
Disg-modell.de (2016)	DiSG®-Modell – **Einführung in DiSG und seine Methode** http://www.disg-modell.de/ueber-disg/einfuehrung Zugriff am 24.11.2016

Dr. Georg Angermeier (2009)	Deutsche Begriffe > **Weiche Faktoren** 10.07.2009 https://www.projektmagazin.de/glossarterm/weiche-faktoren Zugriff am 24.01.2017
Dr. med. Herbert Renz-Polster (2016)	Die Stress-Falle, **Positiver und negativer Stress** 17.03.2016 http://www.apotheken.de/gesundheit-heute-news/article/positiver-und-negativer-stress/ Zugriff am 15.01.2017
Dr. Jürgen Fleig (2014)	Agiles Projektmanagement, **So funktioniert Scrum** http://www.business-wissen.de/artikel/agiles-projektmanagement-so-funktioniert-scrum/ Zugriff am 12.12.2016
Dr. Markus Siepermann (2016)	Kanban-System, **Definition** http://wirtschaftslexikon.gabler.de/Definition/kanban-system.html Zugriff am 05.01.2017
Dr. Reinhard K. Sprenger (2008)	Management – **Wer schlecht führt, fliegt** 05.09.2008 http://www.manager-magazin.de/magazin/artikel/a-567992.html Zugriff am 14.12.2016
Erdal Ahlatci (2017)	Arbeitswelt im neuen Jahr, **Die HR Agenda 2017** 12.01.2017 http://www.computerwoche.de/a/die-hr-agenda-2017,3329406 Zugriff am 13.01.2017
Eric Marischka (2013)	IT-Systeme erfolgreich einführen, **Sieben Thesen zum agilen Projekt-Management** 12.08.2013 http://www.computerwoche.de/a/sieben-thesen-zum-agilen-projekt-management,2537362 Zugriff am 15.11.2016

Eric Schmidt (2010)	Eric Schmidt on Google Wave's Death 04.08.2010 https://youtu.be/FJ-jNaAxISk?t=50s Zugriff am 15.11.2016
eq-test.plakos.de (2016)	EQ Test kostenlos - **Emotionale Intelligenz testen** https://eq-test.plakos.de/ Zugriff am 15.11.2016
Ernst Halbmayer und Jana Salat (2011)	Qualitative Methoden der Kultur- und Sozialanthropologie **5.1.2.2.3.1 Das ExpertInneninterview** http://www.univie.ac.at/ksa/elearning/cp/qualitative/qualitative-44.html Zugriff am 14.01.2017
Ernst Halbmayer und Jana Salat (2011a)	Qualitative Methoden der Kultur- und Sozialanthropologie **5.1.2.1.3 Form und Medium der Befragung-** http://www.univie.ac.at/ksa/elearning/cp/qualitative/qualitative-34.html Zugriff am 14.01.2017
Frank Düsterbeck (2016)	Agile, **"DIE WENIGSTEN UNTERNEHMEN HABEN DAS AGILE MANIFEST VERSTANDEN!"** 10.07.2016 https://basta.net/blog/agile/die-wenigsten-unternehmen-haben-das-agile-manifest-verstanden/ Zugriff am 12.01.2017
gallup.de (2015)	Die Ergebnisse der bekanntesten Studie zur Mitarbeiterbindung **Engagement Index Deutschland** http://www.gallup.de/183104/engagement-index-deutschland.aspx Zugriff am 17.10.2016
gallup.de (2016)	**Engagement Index Deutschland** http://www.gallup.de/home.aspx Zugriff am 13.11.2016

Gudrun Gaedke (2015)	**Resilienz in Teams und Organisationen** https://www.magazintraining.com/resilienz-in-teams-und-organisationen/ 07.12.2015 Zugriff am 12.01.2017
Hbr.org (2015)	LEADERSHIP, **Measuring the Return on Character** 04/2015 https://hbr.org/2015/04/measuring-the-return-on-character Zugriff am 11.12.2016
Harald Staun (2014)	Ökonom Jeremy Rifkin, **Das Ende des Kapitalismus** 13.09.2014 http://www.faz.net/aktuell/feuilleton/jeremy-rifkin-die-null-grenzkosten-gesellschaft-13151899.html Zugriff am 11.12.2016
hoeferundtausch.com (2016)	Kommunikation und Konfliktlösung in agilen Projekten, **Ein Seminar für Projektmanager/innen und Projektmitarbeiter/innen** http://www.hoeferundtausch.com/kommunikation-und-konfliktloesung-in-agilen-projekten/ Zugriff am 11.01.2016
Jochen Mai (2013)	Authentizität: **Die Kunst authentisch zu sein** 24.04.2013 http://karrierebibel.de/authentizitat/ Zugriff am 20.01.2017
Klaus Peren (2016)	GASTBEITRAG › FÜHRUNG **Agilität: Wer braucht das eigentlich** 15.09.2016 https://www.humanresourcesmanager.de/ressorts/artikel/agilitaet-wer-braucht-das-eigentlich-1025971859 Zugriff am 11.12.2016

Klaus Schuster (2014)	Meilenstein – Der Projektmanagement-Blog **Emotional Leadership – wenn Fakten nicht mehr weiterhelfen** 25.04.2014 https://www.projektmagazin.de/meilenstein/projektmanagement-blog/emotional-leadership-wenn-fakten-nicht-mehr-weiterhelfen_109027 Zugriff am 01.12.2016
Kununu.de (2016)	Kununu, **Volle Transparenz am Arbeitsmarkt** 25.04.2014 https://www.kununu.com Zugriff am 01.12.2016
leadershippartnership.com (2016)	WE ARE CREATING THE NEXT GENERATION OF LEADERS http://leadershippartnership.com/ Zugriff am 01.12.2016
Leif Gringmuth (2016)	WhatsApp, WeChat und Co: Instant Messenger für Unternehmen **Social Media Podcast Episode 40** http://www.socialgenius.de/whatsapp-wechat-instant-messenger-unternehmen/# Zugriff am 01.12.2016
Lena Schipper (2015)	Cebit, **Was eigentlich ist das Internet der Dinge?** 17.03.2015 http://www.faz.net/aktuell/wirtschaft/cebit/cebit-was-eigentlich-ist-das-internet-der-dinge-13483592.html Zugriff am 11.12.2016
Maik Pfingsten (2013)	ZA066: **Agile Leadership – Wie verändert sich Führung in agilen Projekten?** 22.10.2013 http://zukunftsarchitekten-podcast.de/2013/10/za066-agile-leadership-wie-verandert-sich-fuhrung-in-agilen-projekten/#t=20:39.682 Zugriff am 10.01.2017
Malte Fiegler (2016)	Fehler erwünscht – **wie wir richtig üben** 24.03.2016 http://blog.dgq.de/fehler-erwuenscht-wie-wir-richtig-ueben/ Zugriff am 01.12.2016

Michael Leitl (2016)	WORAN AGILES MANAGEMENT SCHEITERN KANN 12.05.2016 http://www.harvardbusinessmanager.de/blogs/woran-agiles-management-scheitern-kann-a-1091729.html Zugriff am 11.01.2017
Mindtools.com (2017)	Emotional Intelligence in Leadership, **Learning How to Be More Aware** https://www.mindtools.com/pages/article/newLDR_45.htm Zugriff am 26.01.2017
Peter-Michael Ziegler (2004)	Studie: **Instant Messenger häufig zum Klönen während der Arbeit genutzt** 12.11.2004 https://www.heise.de/newsticker/meldung/Studie-Instant-Messenger-haeufig-zum-Kloenen-waehrend-der-Arbeit-genutzt-115017.html Zugriff am 17.11.2016
Prof. Dr. Günter W. Maier (2017)	**Kann man Leadership "erlernen"?** http://www.leaders-circle.at/leadershiplernen.html Zugriff am 20.01.2017
Prof. Dr. Heinz Stahl (2016)	**emotionale Intelligenz**, Definition http://wirtschaftslexikon.gabler.de/Definition/emotionale-intelligenz.html Zugriff am 20.01.2017
Prof. Dr. Jan Lies (2008)	harte und weiche Faktoren, **Kurzerklärung** http://wirtschaftslexikon.gabler.de/Archiv/569792/harte-und-weiche-faktoren-v8.html Zugriff am 26.01.2017
Prof. Dr. Lutz Becker (2016)	Empathie ist die wichtigste Managementkompetenz, **Mit Empathie geht alles leichter und schneller** http://www.managementkompetenzen.de/empathie.html Zugriff am 17.12.2016

Prof. Dr. Waldemar Pelz (2016)	„DIESE ARBEIT IST EIN PARADEBEISPIEL DAFÜR, WIE SICH AUS EINER ABSCHLUSSARBEIT BESTMÖGLICHER NUTZEN ZIEHEN LÄSST" http://www.adhibeo.de/2016/01/08/masterarbeit-agilitaet-interview-prof-becker/ Zugriff am 10.01.2017
projektmagazin.de (2014)	Meilenstein – Der Projektmanagement-Blog, Emotional Leadership – **wenn Fakten nicht mehr weiterhelfen** 25.04.2014 https://www.projektmagazin.de/meilenstein/projektmanagement-blog/emotional-leadership-wenn-fakten-nicht-mehr-weiterhelfen_109027 Zugriff am 17.10.2016
projektmanagement-definitionen.de (2015)	Projektmanagement: Definitionen, Einführungen und Vorlagen **Projektmanagement verständlich erläutert** 30.01.2015 http://projektmanagement-definitionen.de/glossar/agiles-projektmanagement/ Zugriff am 17.10.2016
projektmanagement-definitionen.de (2017)	Projektmanagement: Definitionen, Einführungen und Vorlagen **Projektmanagement verständlich erläutert** http://projektmanagement-definitionen.de/glossar/scrum/ Zugriff am 21.01.2017
Rick Wartzman (2014)	**WAS SCHON PETER DRUCKER ÜBER DAS JAHR 2020 WUSSTE** 14.11.2014 http://www.harvardbusinessmanager.de/blogs/a-1000774.html Zugriff am 14.11.2016
Robert Gies (2016)	**Welcome to Agile Leadership 3.0** http://agile-lead.com/ Zugriff am 25.11.2016

Robert Gies (2016a)	code.talks 2016 - **Agiles Team Setup in Selbstorganisation** 30.09.2016 https://youtu.be/eAlKRUslEzU?t=9m54s Zugriff am 10.01.2017
Stefan Sohst (2016)	Empathie, **Super-Heroes – der Inbegriff von Selbstbewusstsein** 26.08.2016 http://www.emotional-leadership.com/tag/empathie/ Zugriff am 29.11.2016
Steffan Heuer (2011)	GOOGLE, **Scheitern als Geschäftsmodell** 05.03.2011 http://www.handelsblatt.com/technik/it-internet/google-scheitern-als-geschaeftsmodell/3916438.html Zugriff am 29.11.2016
Stephan Dörner (2015)	FACEBOOK-BÜROFÜHRUNG **Was bei Mark Zuckerberg auf dem Schreibtisch liegt** 15.09.2015 https://www.welt.de/wirtschaft/webwelt/article146437701/Was-bei-Mark-Zuckerberg-auf-dem-Schreibtisch-liegt.html Zugriff am 14.11.2016
Surveymonkey.de (2016)	Treffen Sie fundiertere Entscheidungen **Machen Sie mit bei der globalen Plattform,** **auf der jeden Tag 16 Mio. Fragen beantwortet werden.** https://www.surveymonkey.de/ https://www.surveymonkey.de/r/Agile-Emotional-Leadership Zugriff am 01.10.2016
Susanne Mierswa (2016)	Agile Führung: **Diese Fähigkeiten sind gefordert** 11.05.2016 https://www.haufe-akademie.de/blog/themen/fuehrung-und-leadership/agile-fuehrung-diese-faehigkeiten-sind-gefordert/ Zugriff am 12.12.2016

Sven Haustedt (2016)	Digital Workplace: Digitalisierung beginnt am Arbeitsplatz 09.11.2016 https://www.digitale-exzellenz.de/digital-workplace-digitalisierung-beginnt-am-arbeitsplatz/ Zugriff am 12.12.2016
TED talks (2016)	TED talks – **5 ways to lead in an era of constant change | Jim Hemerling** 03.11.2016 https://youtu.be/urntcMUJR9M?t=10m27s Zugriff am 14.11.2016
TEDx talks (2015)	TEDx talks – **The power of listening | William Ury | TEDxSanDiego** 03.11.2016 https://youtu.be/saXfavo1OQo?t=1m42s Zugriff am 14.11.2016
Thomas Lieder (2008)	setzweinblog – **Inkrementelles und iteratives Vorgehen** 21.02.2008 http://blog.setzwein.com/2008/02/21/inkrementelles-und-iteratives-vorgehen/ Zugriff am 27.01.2017
Thorsten Petry (2016)	Digital Leadership: Neue Verhältnisse, neue Führung "Bei der Digitalisierung geht es um weit mehr als neue Technologien" 29.06.2016 https://www.haufe.de/personal/hr-management/digital-leadership-interview-mit-prof-thorsten-petry_80_363822.html Zugriff am 14.01.2017
Uni-muenster.de (2012)	Langzeit-Studie: **Narzissten machen nur am Anfang Eindruck** 27.08.2012 https://www.uni-muenster.de/imperia/md/content/psyifp/ae_back/dpa_270812.pdf Zugriff am 14.11.2016

Wirtschatfswoche.de (2015)	Führungsstil, **Sollen Chefs Kumpels oder Diktatoren sein?** 21.09.2015 http://www.wiwo.de/erfolg/vordenker-spezial/fuehrungsstil-sollen-chefs-kumpels-oder-diktatoren-sein/12348398.html Zugriff am 11.12.2016	
Wpp.com (2016)	Our Companies, **Scholz & Friends** http://www.wpp.com/wpp/companies/scholz-friends/ Zugriff am 01.12.2016	
YouTube.com (2017)	Agile Leadership, **Etwa 364.000 Ergebnisse** https://www.youtube.com/results?search_query=agile+leadership Zugriff am 15.01.2017	
Yvo Wueest (2016)	Daniel Goleman: **Konzentriert euch! Eine Anleitung zum modernen Leben.** https://didacticalreduction.com/2014/05/06/daniel-goleman-konzentriert-euch-eine-anleitung-zum-modernen-leben/ Zugriff am 20.12.2016	

Bücher

Bernd Oestereich, Christian Weiss, Oliver F. Lehmann, Uwe Vigenschow (2008)	APM - **Agiles Projektmanagement: Erfolgreiches Timeboxing für IT-Projekte** verw. Seiten xx bis xx von 440 Seiten dpunkt.verlag; Auflage: 1 (2008) ISBN-13: 978-3898643863
Cynthia Ahrens, Leif Ahrens (2013)	Leadership-Intelligenz - **Zehn Gebote für souveräne und sozial kompetente Führung** verw. Seiten 3 bis 5, Seite 14 und 24 von 178 Seiten Springer Gabler Verlag, 2. Auflage (2014) ISBN: 978-3-658-05051-1 Siehe Anlage 36 (Copyright beachten!)
Daniel Goleman (1997)	EQ. **Emotionale Intelligenz** dtv Verlagsgesellschaft, 2. Auflage. (1. Mai 1997) ISBN-13: 978-3423360203
Daniel Goleman, Richard Boyatzis, Annie McKee (2013)	Primal Leadership, With a New Preface by the Authors: **Unleashing the Power of Emotional Intelligence** verw. Seiten 11 bis 15 von 289 Seiten Paperback – Abridged. Neubearb. Aufl., Ausg. 2013 ISBN-13: 978-1422168035
Daniel Goleman, Richard Boyatzis, Annie McKee (2003)	**Emotionale Führung** verw. Seiten 29 bis 37 und Seiten 79 bis 114 von 356 Seiten Ullstein Taschenbuch (1. April 2003) ISBN-13: 978-3548364667
Eric Lippmann (2006)	Coaching - **Angewandte Psychologie für die Beratungspraxis: Angewandte Psychologie für die Beratungspraxis** verw. Seiten 329 bis 330 von 377 Seiten Springer; Auflage: 1 (10. Januar 2006) ISBN-13: 978-3540254560

Quellenverzeichnis

Fredmund Malik (2001)	**Führen Leisten Leben: Wirksames Management für eine neue Zeit** verw. Seiten 361 bis 362 von 437 Seiten Heyne, W; Taschenbuch, Auflage: 13. (2001) ISBN-13: 978-3453196841
Fredmund Malik (2014)	**Führen Leisten Leben: Wirksames Management für eine neue Zeit** verw. Seiten 20 bis 21 von 448 Seiten Campus Verlag; Neuauflage: 1 (14. August 2014) ISBN-13: 978-3593501277
Hans H. Hinterhuber (2007)	Servant leadership: **Prinzipien dienender Unternehmensführung** verw. Seiten 67 bis 76 von 305 Seiten Berlin: Erich Schmidt Verlag, 2007 ISBN-13: 978-3503097852
Holger Koschek, Carsten Sahling, Rolf Dräther (2013)	Scrum, **kurz & gut** verw. Seiten 04 und 13 von 208 Seiten O'Reilly Verlag GmbH & Co. KG; Auflage: 1 (1. Februar 2013) ISBN-13: 978-3868998337
Horst Otto Mayer (2008)	Interview und schriftliche Befragung: **Entwicklung, Durchführung und Auswertung** verw. Seiten 37 bis 39 und 58 bis 60 und Seite 189 bis 193 und Seite 47, 107, 154 von 230 Seiten Oldenbourg Wissenschaftsverlag; Auflage: überarbeitete und erweiterte Auflage (25. Februar 2008) ISBN-13: 978-3486586695
Jeremy Rifkin (2014)	Die Null-Grenzkosten-Gesellschaft: **Das Internet der Dinge, kollaboratives Gemeingut und der Rückzug des Kapitalismus** verw. Seite 25 von 525 Seiten Campus Verlag; Auflage: 1 (14. August 2014) ISBN-13: 978-3593399171

Jörg Leute (2014)	Eine neue Definition agilen Projektmanagements: **Analyse konzeptioneller Merkmale agilen Projektmanagements (Wirtschaftsinformatik)** verw. Seiten 25 bis 27 von 272 Seiten Eul, J; Auflage: 1 (1. Oktober 2014) ISBN-13: 978-3844103601
John P. Kotter (1990)	Force For Change: **How Leadership Differs from Management** verw. Seiten 169 bis 170 von 180 Seiten Gebundene Ausgabe – Free Press (1. April 1990) ASIN: B01N9LTO3L
Jürgen Fuchs (1995)	Manager, Menschen und Monarchen: **Denk-Anstössiges für Leitende und Leidende** verw. Seite 73 von 180 Seiten Gebundene Ausgabe – Frankfurt&Main, Campus Verlag (1995) ISBN: 3-593-35373-3
Lutz W. Eichler (2016)	Führung rockt – **Wie Sie bei Ihren Mitarbeitern ein Klima für freies Denken und Innovationen schaffen** verw. Seiten 31 bis 43 von 180 Seiten Hardcover – Wiley-VCH, Weinheim (August 2016) ISBN-13: 978-3527508938
Robert K. Greenleaf (1970)	Servant Leadership**: A Journey into the Nature of Legitimate Power and Greatness (25th Anniversary Edition)** verw. Seiten 21 bis 22 von 370 Seiten Paulist Pr; 25 Anv edition (November 2002) ISBN-13: 978-0809105540
Thomas A. Stewart (1998)	Der vierte Produktionsfaktor: **Wachstum und Wettbewerbsvorteile durch Wissensmanagement** verw. Seiten 180 bis 181 von 256 Seiten Gebundene Ausgabe – Hanser Fachbuch (17. April 1998) ISBN-13: 978-3446192300

Tobias Trepper (2015)	Fundierung der Konstruktion agiler Methoden, Anpassung, **Instanziierung und Evaluation der Methode PiK-AS** verw. Seite 32, 52 und 64 von 396 Seiten Gebundene Ausgabe – Springer Gabler (2015) ISBN-13: 978-3-658-10089-6 Siehe Anlage 38 (Copyright beachten!)
Thorsten Petry (2016)	Digital Leadership: **Erfolgreiches Führen in Zeiten der Digital Economy (Haufe Fachbuch)** verw. Seiten 43 bis 45 von 466 Seiten Gebundene Ausgabe – Haufe (8. April 2016) ISBN-13: 978-3648080573
Urs Jäger (2003)	Wertbewusstes Controlling: **Weiche und harte Faktoren integrieren** verw. Seiten 155 und 206 von 237 Gebundene Ausgabe – Gabler Verlag ISBN-13:978-3-322-82454-7 Siehe Anlage 39 (Copyright beachten!)
Willms Buhse (2014)	Management by Internet: **Neue Führungsmodelle für Unternehmen in Zeiten der digitalen Transformation** verw. Seiten 221 bis 227 von 235 Seiten Gebundene Ausgabe – Börsenmedien (10. Juni 2014) ISBN-13: 978-3864701726

*Zeitungen /
Magazine /
Publikationen*

Andrea Sattler (2016)	Leadership 4.0, **Vernetzt, partizipativ, agil: Wie sich Führungskräfte künftig aufstellen müssen,** personalmagazin von 06.2016 Verwendete Seiten 14 bis 16 Haufe-Lexware GmbH & Co. KG, Munzinger Straße 9, D-79111 Freiburg **Digital abrufbar unter:** http://zeitschriften.haufe.de/ePaper/personalmagazin/2016/429B08E0/files/assets/common/downloads/publication.pdf
Argostino Tarabusi (1990)	Sozial und wettbewerbsfähig: **Wird der Anspruch auf soziale Sicherheit zur Bremse für den Mut zum Risiko?** Die Unternehmung, Vol. 44, No. 5 (1990) Verwendete Seiten 335 bis 339 Nomos Verlagsgesellschaft mbH **Digital abrufbar unter:** http://www.jstor.org/stable/24179766?seq=1#page_scan_tab_contents
Michael Schneegans (2012)	"Klassisches" versus agiles IT-Projektmanagement: **Die Wahl der richtigen Vorgehensweise** armendos whitepaper vom 06.2012 Verwendete Seiten 3 und 4 von 15 amendos gmbh, Grüner Deich 15 - 20097 Hamburg **Digital abrufbar unter:** http://www.amendos.de/publikationen/fachartikel/Whitepaper_klassisch-vs-agil-PM.pdf

8 Anhang

Nummer und Name der Anlage	Inhalt/ Beschreibung der Anlage
Anlage 01 - Friedrich-Ebert-Stiftung - Deutschland in der globalen Wissensgesellschaft (2004).pdf	Gutachten der Friedrich Ebert Stiftung zum Thema der „Wissensgesellschaft".
Anlage 02 - Harvard Business Manager - Agiles Management - Der Mensch ist wichtiger als Prozesse (10_2016).pdf	Auszug aus dem Harvard Business Manager Magazin über das Agile Manifest und dessen Weg in andere UN-Bereiche
Anlage 03 - Bachelorarbeit - Tobias Cron - Agiles Projektmanagement der IT mit Kanban (10_2013).pdf	Bachelorarbeit der Hochschule Mittweida von Tobias Cron über das agile Projektmanagement mit der Kanban-Methode.
Anlage 04 - Martin Heidenreich - Merkmale der Wissensgesellschaft (03_2002).pdf	Martin Heidenreichs Aufsatz zur Wissensgesellschaft und deren Einfluss auf die neue Arbeitswelt.
Anlage 05 - Maximizing Your Organizational IQ.pdf	Englischsprachige Beschreibung der Unternehmensintelligenz und wie diese verbessert werden kann.
Anlage 06 - Computerwoche - Agiles Führen - Chefs muessen umdenken (02_2014).pdf	Gespeicherter Zeitungsartikel aus der „Computerwoche" zum Thema „Führung in agilen Projekten"
Anlage 07 - Gallup 2015 - Chart Metaanalyse.pdf	Ausschnitt der Gallup-Studie 2015. (Siehe Abbildung 3)
Anlage 08 - HAYS HR-Report - 2014-2015 - Schwerpunkt Führung.pdf	Eine empirische Studie des Instituts für Beschäftigung und Employability IBE im Auftrag von Hays für Deutschland, Österreich und die Schweiz mit dem Schwerpunkt Führung.
Anlage 09 - Harvard Business Review - Emotionale Intelligenz (1999).pdf	Fachartikel von Daniel Goleman zum Thema „Emotional Intelligent Führen".
Anlage 10 - Analysen und Argumente - Was bedeutet Wissensgesellschaft (11_2012).pdf	Analysen & Argumente ist eine Zeitschrift der Konrad-Adenauer-Stiftung. Diese Ausgabe beschäftigt sich mit der „Wissensgesellschaft".
Anlage 11 - Personalmagazin - Leadership 4.0 - Partizipativ, agil, Wie sich Fuehrungskraefte kuenftig aufstellen muessen (06_2016).pdf	Das personalmagazin erscheint monatlich. Die vorliegende Ausgabe beschäftigt sich mit dem Thema Agilität und „Leadership 4.0".
Anlage 12 - Lernziel Emotionale Intelligenz.pdf	Die Autoren Ingeborg Dietz und Dr. Edgar Geiselhardt schreiben in diesem Aufsatz über die praktische Anwendung von emotionaler Intelligenz am Arbeitsplatz.
Anlage 13 - New Leadership - Fuerhung in der Arbeitswelt 4.0 (01_2014).pdf	Stephan Grabmeier schreibt in einem Aufsatz über „New Leadership" und die „Führung in der Arbeitswelt 4.0". Dabei geht es vor allem um die neuen Anforderungen an Führungskräfte der „Digitalen Transformation".
Anlage 14 - Jack Welch - Leadership als Lebensstil.JPG	Ein abfotografiertes Zitat von Jack Welch, dem CEO von General Electric.
Anlage 15 - Leadership und Management als Ying und Yang.JPG	Ein abfotografiertes Bild zum Thema Leadership & Management.
Anlage 16 - Studie der PAM - Erfolgreiche Führung in der Agilen Welt (2010).pdf	Eine Studie der Plattform for Agile Management zum Thema Erfolgreiche Führung in der Agilen Welt.
Anlage 17 - Roman Herzog Institut Ausgabe Nr. 22 - Fuehrungsstile und gesellschaftliche Megatrends im 21. Jahrhundert (2013)	Eine Magazinausgabe des Roman Herzog Instituts mit dem Thema „Führung im Wandel".
Anlage 18 - Diplomarbeit - Shinja T.H. Strasser - Teamarbeit und Teamentwicklung im Umfeld des agilen Projektmanagements (12_12).pdf	Eine Diplomarbeit der Hochschule Mittweida von Shinja Tomoya Heinrich Strasser mit dem Thema „Teamarbeit und Teamentwicklung im Umfeld des agilen Projektmanagements".
Anlage 19 - Studie der Bertelsmann Stiftung - Zeitgemäße Führung - Ansätze und Modelle (07_07).pdf	Eine Studie der Bertelsmann Stiftung aus dem Jahr 2007 über zeitgemäße Führung und Leadership.

Anlage 20 - Bertelsmann Stiftung - Zukunftsfaehige Fuehrung (2015).pdf	Ein Magazin der Bertelsmann Stiftung mit dem Titel „Zukunftsfähige Führung". Autoren sind Birgit Gebhardt, Josephine Hofmann und Heiko Roehl.
Anlage 21 - Heidrun Sass - Die einzelnen Komponenten Emotionaler Intelligenz.pdf	Heidrun Sass-Schreiber ist Beraterin zu den Themen Leadership und emotionaler Intelligenz. In diesem Aufsatz schreibt sie über die einzelnen Komponenten Emotionaler Intelligenz.
Anlage 22 - Jacque L. King, Ph.D. - Emotional Leadership Through Emotional Intelligence.pdf	Ein englischsprachiger Aufsatz von Jacque L. King, Ph.D., Assistenzprofessor am Westminster College mit dem Thema „Emotional Leadership durch Emotionale Intelligenz".
Anlage 23 – Mitarbeiterumfrage Detailauswertung.pdf	Die in dieser Masterthesis durchgeführte Umfrage unter Mitarbeitern in der Detailansicht. Bereitgestellt durch surveymonkey.com
Anlage 24 - Agilitaet_Personalmagazin-Artikel.pdf	Das Titelthema „Agilität in Unternehmen" aus dem Personalmagazin der Ausgabe 07/16.
Anlage 25 - Agilitaet_Harvard_Business_Manager.pdf	Ein Sonderdruck des Harvard Business Managers in Kooperation mit der Haufe Akademie. Das Thema der Ausgabe ist: „Gelebte Demokratie".
Anlage 26 - Haufe Leseprobe - Wir sind Chef.pdf	Eine Leseprobe des Haufe Verlags von Hermann Arnolds Buchs „Wir sind Chef".
Anlage 27 - Agilitaet - Haufe Agilitaetsbarometer.pdf	Eine Studie zum Thema Agilität der Haufe Akademie in Zusammenarbeit mit dem Meinungsforschungsinstitut Infratest aus dem Jahr 2016.
Anlage 28 - Peter F. Drucker - Landmarks of tomorrow (1957).pdf	Das eBook „Landmarks of Tomorrow" von Peter F. Drucker. ©- **Hinweis: Das Urherberrecht liegt beim Autor, diese Anlage kann nicht öffentlich zugänglich gemacht werden.**
Anlage 29 - Personalführung 09-2016 - Mit Lob bringt man die Freiheit um - Interview mit Dr. Sprenger	Ein eingescannter Artikel aus dem Magazin „Personalführung 09/2006". Der Themenschwerpunkt „Personalführung" mit einem Artikel von Reinhard K. Sprenger.
Anlage 30 - Studie BITKOM Zukunft der Arbeit.pdf	Eine Studie des Bundesverband Informationswirtschaft, Telekommunikation und neue Medien e.V. aus dem Jahr 2014. Das Thema lautet: „Die Zukunft der Arbeit – Herausforderungen für Politik und Wirtschaft".
Anlage 31 - Agile-Leadership-Warum-wir-anders-denken-muessen.mp3	Eine Audiodatei von Maik Pfingsten. In diesem Podcast spricht Maik Pfingsten über „Agile Leadership". Das Thema lautet: „Wie verändert sich Führung in agilen Projekten".
Anlage 32 - Mitarbeiterumfrage Einzelauswertung.xls	Die in dieser Masterthesis durchgeführte Umfrage unter Mitarbeitern in der Einzelauswertung (Excel). Bereitgestellt durch surveymonkey.com. Dieses Dokument ist Grundlage zur weiteren Verarbeitung in Statistikprogrammen wie z.B. SPSS.
Anlage 33 - Modelle Datenauswertung Umfrage.xlsx	Die selbst erstellte Grundlage der Spinnendiagramme in Abbildung 32.
Anlage 34 - Modelle Datenauswertung Interviews.xlsx	Die selbst erstellte Grundlage der Spinnendiagramme in den Abbildungen 34, 35, 36, 37.
Anlage 35 - Christian_Sterrer - Das Geheimnis erfolgreicher Projekte (eBook TU Braunschweig).pdf	Das Buch „Das Geheimnis erfolgreicher Projekte" von Christian Sterrer. Das eBook ist aus der Technischen Universität Braunschweig. ©- **Hinweis: Das Urherberrecht liegt beim Autor, diese Anlage kann nicht öffentlich zugänglich gemacht werden.**

Anlage 36 - Cynthia_Ahrens - Leadership_Intelligenz (eBook TU Braunschweig).pdf	Das Buch „Leadership Intelligenz" von Cynthia Ahrens. Das eBook ist aus der Technischen Universität Braunschweig. ©- **Hinweis: Das Urherberrecht liegt beim Autor, diese Anlage kann nicht öffentlich zugänglich gemacht werden.**
Anlage 37 - Dirk_Baldeweg - Bewertung von Unternehmen der New Economy (eBook TU Braunschweig).pdf	Das Buch „Bewertung von Unternehmen der New Economy" von Dirk Baldeweg. Das eBook ist aus der Technischen Universität Braunschweig ©- **Hinweis: Das Urherberrecht liegt beim Autor, diese Anlage kann nicht öffentlich zugänglich gemacht werden..**
Anlage 38 - Tobias_Trepper - Fundierung der Konstruktion agiler Methoden (eBook TU Braunschweig).pdf	Das Buch „Fundierung der Konstruktion agiler Methoden" von Tobias Trepper. Das eBook ist aus der Technischen Universität Braunschweig. ©- **Hinweis: Das Urherberrecht liegt beim Autor, diese Anlage kann nicht öffentlich zugänglich gemacht werden.**
Anlage 39 - Urs_Jaeger - Wertbewusstes Controlling (eBook TU Braunschweig).pdf	Das Buch „Wertbewusstes Controlling" von Urs Jäger. Das eBook ist aus der Technischen Universität Braunschweig. ©- **Hinweis: Das Urherberrecht liegt beim Autor, diese Anlage kann nicht öffentlich zugänglich gemacht werden.**
Anlage 40 - Matt Tenney - The Mindfulness Edge (eBook TU Braunschweig).pdf	Das englischsprachige Buch „The Mindfulness Edge" von Matt Tenney. Das eBook ist aus der Technischen Universität Braunschweig. ©- **Hinweis: Das Urherberrecht liegt beim Autor, diese Anlage kann nicht öffentlich zugänglich gemacht werden.**
Anlage 41 - VersionOne-10th-Annual-State-of-Agile-Report.pdf	Studie von versionone.com mit 3880 Teilnehmern zum Thema Agilität in Unternehmen
Anlage 42 - Ken Schwaber und Jeff Sutherland - The Scrum Guide.pdf	Der originale SCRUM-Guide von den „Erfindern" der SCRUM-Methode Jett Sutherland und Ken Schwaber
Ordner: Interviews	Interview-Transkriptionen im Original. **Inhalt:** 00 Interview-Leitfaden-Fuehrungskraft_BLANKO.docx 01 Interview-Holger-Rehm-SPOSNORs.docx 02 Interview-Sylvia Rehm-Stoll Gruppe GmbH.docx 03 Interview-Julia-Meyer-Uniplan-Hamburg.docx 04 Interview-Marcus-Weismantel-medi GmbH-Co-KG.docx 05 Interview-JONAS GERLINGER-Instant-Data-GmbH.docx 06 Interview-TOBIAS-GURSKI-Instant-Data-GmbH.docx
Ordner: Umfragebeantwortungen	Auswertung der Umfrageplattform surveymonkeys.com – einzelne Zip-Dateien mit den Excel- und CSV- Dateien für weitere Auswertungszwecke. **Inhalt:** Einzelbeantwortungen_ERWEITERT_Stand-170121.zip Einzelbeantwortungen_Stand-170121.zip

Tabelle 4 – Auflistung der Anlagen (auf CD)

8.1 Anlage Daten-CD

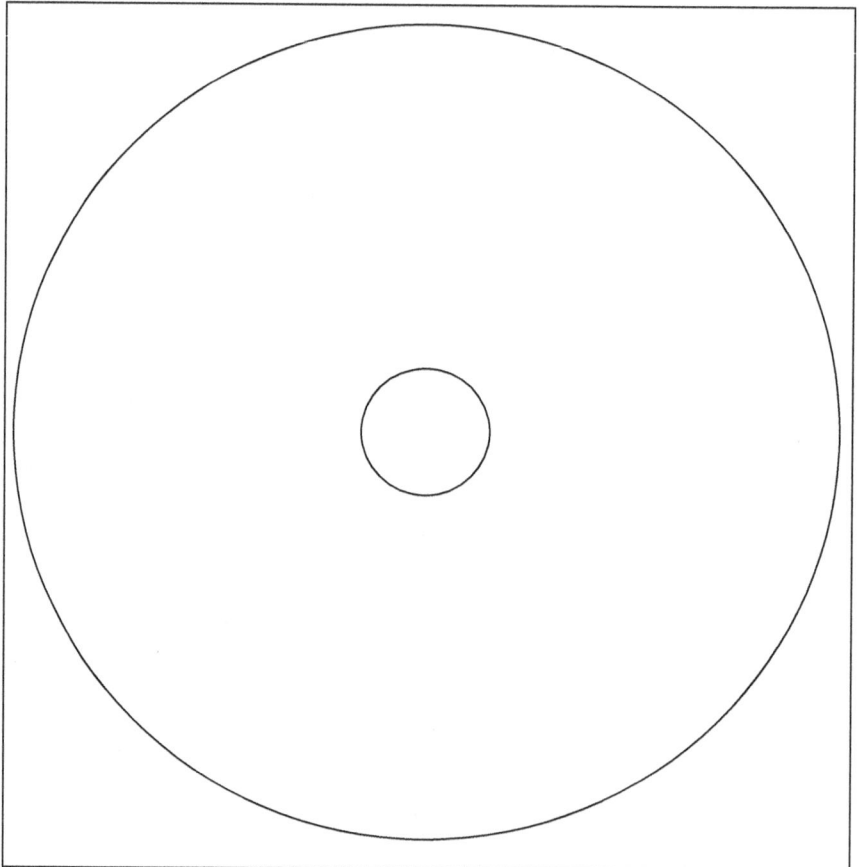

Inhalt der CD siehe Tabelle 4, S.125

Hinweis:
Bitte beachten Sie, dass einige Anlagen urherberrechtlich geschützt sind. Der Autor der vorliegenden Arbeit distanziert sich von jeder Art der Weitergabe, des Verleihs oder der Vervielfältigung dieser Inhalte. Die Anlagen dienen dem Quellennachweis und wurden ausschließlich der Prüfungskommission übergeben, da sie in anderer Form evtl nicht auffindbar sein könnten.

9 Selbstständigkeitserklärung

Hiermit erkläre ich, dass ich die vorliegende Arbeit selbstständig und nur unter Verwendung der angegebenen Literatur und Hilfsmittel angefertigt habe.

Stellen, die wörtlich oder sinngemäß aus Quellen entnommen wurden, sind als solche kenntlich gemacht.

Diese Arbeit wurde in gleicher oder ähnlicher Form noch keiner anderen Prüfungsbehörde vorgelegt.

Hamburg, den 18. Februar 2017

Marvin Engel

www.ingramcontent.com/pod-product-compliance
Lightning Source LLC
Chambersburg PA
CBHW021828170526
45157CB00007B/2712